하이 애버리지에 이르는…

볼링 기술 핸드북

일신서적출판사

진자 운동의 원리로

포워드 스윙　　　　　백 스윙　　　　　푸시 어웨이

자기가 그린 이미지대로 던져질까?
구질은? 타이밍은? 코스는?
핀이 일순간에 소멸되는 이러한 요소들이 채워졌을 때
퍼펙트 스트라이크가 탄생한다

던지는 볼링

폴로 스루　　　　　　　　　릴리즈

● 가장 중요한 투구 포인트 ●
- 스텝에 스윙을 맞추는 것이 아니라 스윙에 스텝을 맞춘다
- 어드레스에서 폴로 스루까지 무릎의 높이를 일정하게 유지한다

백 스윙에서 폴로 스루까지 자연스럽게 진자 운동을 생각하라

던지고 난 후에도 끝까지
공의 시선을 놓치지
않는 것이 중요하다

백 스윙은 팔의 높이를 최대한 스트레이트로 편 후에 던지도록 하자

폴로 스루까지 자세가 흩뜨러지지 않으면 거의 스트라이크를 낼 수 있다

용 구

백

볼

볼링 웨어

리스트 밴드

슈즈 (우투용과 좌투용이 있다)

■ 머리말

볼링의 인기가 일기 시작한 것은 몇 년 전부터의 일이다. 붐 배경에는 누구든지 간단하게 시작할 수 있고 운이 좋으면 초심자라도 쉽게 스트라이크를 낼 수 있는 손쉬움에 있었던 것 같다. 하면 할수록 재미있게 되고 기술이 늘면 늘수록 심오하게 된다고 하는 레저 스포츠 특유의 즐거움이 포함되어 있는 것이다.

요행의 스트라이크가 아니고 정성껏 계산된 퍼펙트 히트는 프로 볼러조차 전신경을 집중시키지 않으면 간단하게 나오지 않는다. 하물며 스트라이크를 연발시켜서 스코어를 모아가는 게임의 운영은 강인한 정신력과 고도의 기술이 요구되는 것이다.

사실 볼링의 드릴있는 즐거움과 플레이를 끝낸 후의 상쾌한 기분은 손쉬움이 아니고 그 심오함에 있다.

이 책은 볼링의 참다운 즐거움을 기술면에서 똑똑히 전하기 위해서 간행되었다.

여기서는 어떻게 하면 스트라이크를 낼 수 있을까 하는 것뿐 아니라 볼링의 본질에 관한 부분에도 다소 페이지를 할애했다.

레인에서 몇 번 자기가 좋아하는 구질로 던져 보자. 아마 볼이 지나가는 코스도 스피드도 그리고 스핀도 던질 때마다 달라질 것이다.

요행의 스트라이크를 겨냥하는 경우는 그것으로도 좋을 것이지만 볼링의 즐거움은 그 수준을 넘어 자기의 구질을 완성시켰을 때 더 큰 것이 될 것이다.

이 책은 볼링을 인생의 도락, 취미의 레저 스포츠로 즐기고 싶은 사람들에게 보내는 새로운 시대의 볼링 입문서이다.

스포츠 서적 편집실

차 례

머리말 ——————————————— 3
차 례 ——————————————— 4

● 초심자를 위한 어드바이스 10　　9

1. 하우스 볼은 무게가 아닌 손의 감각으로 선택하자 — 10
2. 스코어는 자기가 기록하자 ——————— 12
3. 이것만은 알아두어야 할 볼링 매너 ———— 14
4. 여성 볼러를 위한 7가지 체크 포인트 ——— 16
5. 어프로치에 서서, 자아! 제1구 —————— 18
6. 볼링을 위한 워밍 업 ——————————— 20
7. 도움이 되는 한 마디 힌트 ———————— 22
8. 속성 볼링 룰 —————————————— 24
9. 핸디캡을 붙여서 드릴있는 게임을 즐기자 — 26
10. 기원전 5천년 전부터 있었던 볼링 원형 —— 28

● **제1장 볼링은 인도어 스포츠의 왕**　　31

1. 독특한 볼링의 투구 동작 ─────────── 32
2. 스트라이크에도 있는 차이 ─────────── 36
3. 핀을 보고 겨냥할 수 있을까 ────────── 40
4. 왜 ①③번 핀을 겨냥하는가 ────────── 44
5. 자기 투구법을 익히자 ──────────── 48

● **제2장 기초편 기본적인 폼을 익히자**　　55

1. 그립 ───────────────────── 56
2. 스탠스와 어드레스 ─────────────── 60
   - 네 걸음 도움닫기의 스탠스 위치 정하는 법 / 60
   - 어드레스의 3가지 법 / 62
   - 어드레스에서의 주의 사항 / 64
   - 스윙의 기본은 진자 운동 / 65
   - 세 걸음 도움닫기의 기본 / 66
   - 네 걸음 도움닫기의 기본 / 68
   - 다섯 걸음 도움닫기의 기본 / 70
3. 어프로치 ────────────────── 72
4. 푸시 어웨이 ───────────────── 74
   - 푸시 어웨이의 제1보 / 76
5. 다운 스윙 ───────────────── 78
6. 백 스윙과 톱 스윙 ─────────────── 80

7. 포워드 스윙과 슬라이드 ——————————— 82
- 포워드 스윙에서 릴리즈까지 / 86

8. 릴리즈 ———————————————————— 88

9. 훅 볼을 던지자 ————————————— 92
- 볼 운동의 메커니즘 / 92
- 풀 롤링의 투구법 / 97
- 여러 가지 롤링 / 97

10. 스트레이트 볼의 투구법 ——————— 102
- 스트레이트 볼의 핀 액션 / 103
- 스트레이트 볼의 투구법과 궤도 / 104

11. 훅 볼의 투구법 ————————————— 106
- 훅 볼의 투구법과 궤도 / 108

12. 커브 볼과 백 업 볼의 투구법 ————— 110
- 커브 볼의 투구법과 궤도 / 112
- 백 업 볼의 투구법과 궤도 / 114

13. 훅 볼의 스트라이크 앵글 ——————— 116
- 이상적인 스트라이크 진입 각도 / 117

● 제 3 장 기술편 하이 애버리지를 노리자 121

1. 스포트 볼링의 권장 ——————————— 122
- 스포트 볼링의 3가지 형 / 124

2. 스페어를 확실하게 잡자 ———————— 128
- 기본적인 3개의 앵글 / 131

- ● 3개의 기본 앵글과 가공 레인 그리는 법 / 131
- ● 3개 남은 핀에는 춉이라는 함정이 있다 / 133
- ● 스페어를 잡는 17개의 패턴 / 135

3. 스플리트를 클리어하는 법 ——————————— 144
- ● ③-⑩, ②-⑦ 스플리트 / 144
- ● ⑤-⑦ 스플리트 / 147
- ● ③-⑦, ③-⑦-⑨ 스플리트 / 147
- ● ④-⑨, ④-⑦-⑨ 스플리트 / 148

● 제 4장 실전편 이기는 볼링의 비결   151

1. 볼의 지식을 갖자 ———————————————— 152
- ● 드릴링을 위한 기초 지식 / 155

2. 레인을 알자 ——————————————————— 156
- ● 베터 레인의 공격법 / 158
- ● 트릭 레인의 공격법 / 160
- ● 스트라이크 코스를 찾아내는 법 / 162

● 부록 볼링 용어 해설   164

볼링을 배우려는 초심자를 위해
꼭 알아두어야 할 10가지 룰을
소개하고 있는 이 항목은
에티켓뿐만 아니라
볼 선택법에서 볼링 역사까지도
친절하게 가르쳐 주고 있다.

초심자를 위한 어드바이스 10

• 초심자를 위한 어드바이스

1. 하우스 볼은 무게가 아닌 손의 감각으로 선택하자

볼링장에 비치되어 있는 것이 하우스 볼이다. 초심자는 이 볼을 사용하여 핀에 도전하게 되는데 하우스 볼이라고 해도 무게나 그립은 천차 만별이다. 그런데 어떻게 하면 자기에게 맞는 볼을 고를 수 있을까?

볼의 무게와 파괴력은 비례한다라고 지레 짐작하여 처음부터 16파운드의 볼로 던지려고 하는 것은 대단히 잘못된 것이다. 스트라이크가 나오지 않는 것은 볼의 파워가 부족했기 때문이 아니다.

아주 보통의 스피드로 던져도 핀을 쓰러뜨리는 볼의 파괴력은 관성이나 가속도가 가해지므로 핀 바로 앞에서는 공 무게의 10배의 파워를 발휘한다.

「14 = 69」의 69는 하우스 번호

「14 = 69」의 14는 파운드

볼의 파운드 수에 차이가 있는 것은 가장 던지기 쉽고 컨트롤하기 쉬운 볼의 무게가 개인에 따라서 각각 틀리기 때문이다. 볼의 중량은 체중의 10분의 1이 적당한 것으로 되어 있는데 초심자에게는 약간 과중 부담이 된다.

남성은 13파운드, 여성은 10파운드부터 시작하여 익숙해지는데 따라서 1~2파운드 위의 볼을 사용하는 것이 순서일 것이다.

무게보다는 오히려 그립이 볼 선택에는 훨씬 중요한 포인트이다.

먼저 엄지 손가락을 손가락 끝부분까지 넣어서 느슨하지도 죄이지도 않는 볼을 골라내고 다음에 중지와 약지를 두 개의 구멍에 댄다. 손가락의 제2관절까지 들어가는 그립은 컨벤셔널 그립이라고 부르는데 이것은 초심자에게는 가장 던지기 쉬운 그립이다. 컨트롤 미스가 적은 것이 장점이다.

엄지 손가락을 넣어서 시계 반대 방향으로 돌려 구멍 테두리에 조금 닿는 정도의 것이 좋다

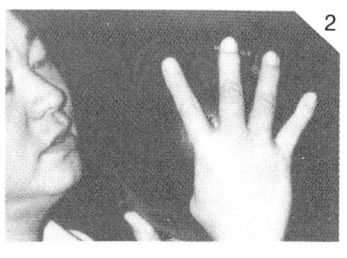

중지 약지의 제2관절을 두 개의 손가락 구멍 위에 펴 놓는다

제2관절까지 단단히 넣는다

엄지 손가락도 넣어서 세 손가락이 죄이지도 느슨하지도 않는 것이 좋다

• 초심자를 위한 어드바이스
2. 스코어는 자기가 기록하자!

　컴퓨터에 의한 스코어의 자동기재의 레인이 등장하는 등 볼링장도 과학화되고 있으나 스코어 시트는 자기가 기록해야만 게임의 즐거움이 배가 된다. 남에게 맡기는 스코어 시트로는 게임의 드릴은 맛볼 수 없다.

　〔제1프레임〕　프레임 제2투째에서 멋지게 스페어한다. ◢마크를 기입하고 핀 수는 비워 둔다.

　〔제2프레임〕　제1투째에서 6핀이며 여기서 처음으로 제1프레임의 핀 수를 기입한다. 10핀(제1프레임)＋6핀(제2프레임 제1투)＝16핀이다. 그 위에 제2투로 3핀을 쓰러뜨려서 제2프레임의 합계 핀(9핀)을 제1프레임의 핀에 가산하여 스코어는 25가 된다.

〔제3프레임〕 스트라이크가 나왔다. 스트라이크는 다음 프레임의 제2투까지의 합계 핀을 가산할 수 있으므로 이 난은 비워 둔다.

〔제4프레임〕 파울의 경우에는 득점 제로이다. 제2투째에서 9개 핀이다. 여기서 이 2투분의 핀 수를 가산하여 제3프레임에 득점을 넣고 그 위에 제4프레임의 득점을 더해서 합계 핀을 기입한다.

〔제5~8프레임〕 노 마크가 계속되었다. 이 경우에는 단순하게 핀 수를 가산해 간다.

〔제9프레임〕 대망의 스트라이크이다. 제10프레임의 제2투까지 가산할 수 있다.

〔최종프레임〕 제2투의 합계 핀(10개), 제9프레임의 핀 수(10개)의 합계 핀을 제9프레임의 난에 기입한다. 그런데 제2구째에 스페어가 나왔으므로 투구자에게 한 번 더 찬스가 주어진다. 이 프레임의 합계점(13점)을 제9프레임의 핀 수에 더해서 한 경기 토털 핀의 합계를 합계란에 써서 스코어 마크는 완료된다.

스코어 기입의 예

	1	2	3	4	5	6	7	8	9	10	합계
스코어	2 ◢ 16	6 3 25	◤◥ 44	F 9 53	6 2 61	3 — 64	4 4 72	G 6 78	◤◥ 98	5 3 111	111
투구점수	1투 2점 / 2투 8점	1투 6점 / 2투 3점	1투 10점	1투 0점 / 2투 9점	1투 6점 / 2투 2점	1투 6점 / 2투 2점	1투 3점 / 2투 0점	1투 4점 / 2투 6점	1투 10점	1투 5점 / 2투 5점 / 3투 3점	
계산방법	2+8+6=16	16+6+3=25	25+10+0+9=44	44+0+9=53	53+6+2=61	61+3+0=64	64+4+4=72	72+0+6=78	78+10+5+5=98	98+5+5+3=111	

● 초심자를 위한 어드바이스
3. 이것만은 알아야 할 볼링 매너

모든 스포츠나 경기에서 매너나 에티켓이 존중되는 것은 단순히 다른 경기자에 대한 배려에서만은 아니다. 집중력이나 마음의 컨트롤은 때때로 올바른 매너에서 나오기 때문이다.

술에 취한 볼러는 말할 것도 없으나 그 중에는 술 취한 사람에 지지 않을 정도로 크게 소리를 지른다든지 어프로치에 주저앉는 등 방약무인한 볼러도 이따금 볼 수 있다.

볼링은 집중력의 스포츠이므로 볼을 던지고 나면 볼러 벤치에서 다른 사람의 플레이를 조용히 관전하는 것이 원칙이다.

어프로치에 서면 오른쪽에 투구자가 없는 것을 확인하고 약 3초 정도 정신 집중한다. 그리고 마음껏 잘 던진 다음 볼이 핀을 히트하는 순간까지 볼에서 눈을 떼서는 안 된다.

볼이 레인 위에 있는데 휙 하고 핀에 등을 돌리는 것은 모처럼의 긴박 무드에 찬물을 끼얹는 것이다.

다 던지고 나면 어프로치에서 빨리 벤치로 돌아와야 한다. 오래 머물고 있으면 다른 레인의 볼러에게 방해가 되기 때문이다.

관전자는 스트라이크나 스페어가 나오면 비록 옆의 레인일지라도 가볍게 박수를 보내도록 하자.

경기에 대한 집중력은 뜻밖에도 이런 좋은 매너에서 나오게 되는 법이다.

• 초심자를 위한 어드바이스
4. 여성 볼러를 위한 7가지 체크 포인트

힘을 자랑하는 남성 볼러보다 컨트롤에 신경을 쓰는 여성 볼러가 고득점을 마크한 경우가 결코 적지 않다.

여성에게는 남성보다 우수한 여성의 투구법이 있다고 해도 반드시 틀린 것은 아니다.

① 약간 가벼운 볼을 선택하는 것이 실력 향상의 지름길이다. 표준은 체중의 10%이다. 초심자는 10~12파운드 정도가 적당하다. 무거운 볼을 가지면 자기의 폼을 좀처럼 완성시킬 수가 없을 뿐 아니라 볼에 휘둘려서 타이밍을 놓치게 된다.

② 볼을 가슴 앞에 안고 파울 라인을 향하여 달려가는 스윙으로는 실력 향상은 바랄 수 없다. 양 어깨의 선을 파울 라인에 평행하게 하도록 유의하고 자기에 맞는 보폭과 균형이 잡힌 백 스윙이 볼 컨트롤을 좋게 한다.

볼을 가슴에 안고 파울 라인을 향하여 달리며 "어영차" 하고 볼을 내던져서는 실력이 향상되지 않는다.

③ 스텝은 네 걸음 도움닫기이다. 다섯 걸음 도움닫기로 하려면 네 걸음 도움닫기의 기본을 마스터한 다음에 한다. 도움닫기와 팔의 흔들림의 타이밍만 파악하면 몸의 부드러움으로 모자라는 힘을 충분히 커버할 수 있을 것이다.

④ 백 업 볼을 던지고 있지 않는가? 공을 릴리즈할 때 무의식중에 손목을 시계의 방향으로 뭉개버리는 경우가 여성 볼러에게 많이 나타나는 결점이다.

볼을 놓았을 때의 손의 모양이 "악수"의 모양으로 되어있는지를 체크하여 보기 바란다.

⑤ 폴로 스루를 정확하게 만들기 바란다. 손을 악수의 모양으로 만들어서 릴리즈하면 그 손을 똑바로 위로 들어 올린다. 볼에 적당한 회전이 주어져서 정확한 컨트롤을 얻을 수 있을 것이다.

⑥ 스윙은 조금 깊게 해주기 바란다. 백 스윙이 작은 결점을 보완하는 데는 약간 앞 기울임을 깊게 하고 스윙 폭을 크게 할 필요가 있다.

⑦ 활동하기 쉬운 복장으로 레인에 서주기 바란다. 패션보다도 플레이이다. 활동하기 쉬운 복장에 유의하기 바란다.

레인은 패션장이 아니다. 던지기 쉽고 움직이기 쉬운 복장에 유의하자.

릴리즈 후 앞의 사람과 악수하는 기분으로 앞으로 내밀고 그대로 팔을 단단하게 위로 치켜 올린다.

• 초심자를 위한 어드바이스
5. 어프로치에 서서, 자! 제1구

프로 볼러의 폼을 잘 관찰하기 바란다. 그들은 특별한 기술을 구사하여 볼을 던지고 있는 것은 아니다. 가장 자연스럽고 제일 단순한 스윙으로 볼을 릴리즈하고 있는데 지나지 않는다.

초심자가 가장 당황하는 것이 도움닫기일 것이다. 도움닫기와 볼을 가진 팔의 진자 운동이 잘 맞물리는지 어떨지가 어쩐지 불안한 것이다. 막상 해보면 생각보다 쉽다.

자! 어프로치에 서서 볼을 던져 보자.

볼링 투구법의 최대의 특징은 한쪽 손으로 볼을 몸 앞에 밀어내는 푸시 어웨이라고 부르는 동작이다. 볼은 얼마 안 있어 그 무게에서 자연스럽게 진자 운동을 개시한다.

이때 오른쪽 발을 일보 내디딘다. 두 걸음째에서 볼은 크게 몸의 뒤쪽에서 흔들리고 세 걸음째에서 백 스윙이 정점에 달하고 그 직후 볼은 이번에는 앞쪽으로 되돌아온다. 볼이 앞쪽으로 흔들어 나오는 것과 동시에 세 걸음째를 내디디고 네 걸음째에서 릴리즈한다. 볼은 던지는 것이 아니고 진자 운동을 레인의 활주 운동으로 옮겨 놓는 것처럼 한다. 그리고 폴로 스루한다.

이때 스텝의 진로가 구부러지든지, 볼의 진자 운동에 움직임이 생기면 볼의 컨트롤은 이미 듣지 않는다.

푸시 어웨이에서 릴리즈까지 핀을 향하여 똑바로 직선을 상정하여 그 라인 위에서 볼의 진자 운동이 만들어지도록 연습하기 바란다.

• 초심자를 위한 어드바이스

6. 볼링을 위한 워밍 업

준비 체조는 근(筋)과 건(腱)을 펴고 근육을 부드럽게 하는 것이 목적이다. 반동을 붙인 동작이 아니고 조용히 근이나 건을 펴는(스트레치)데 유의하기 바란다.

사진 ①
어프로치대에서 발뒤꿈치를 떼고 천천히 아킬레스 건을 펴기 바란다

사진 ②   손을 뒤로 끼고 허리를 굽혀 등골에 유연성을 준다

사진 ③ 하지의 굴신. 천천히 깊게 하기 바란다

사진 ④
가랑이 관절을
충분히 펴고
다리의 근육을
부드럽게 한다

사진 ⑤
발목의 긴장을 푼다

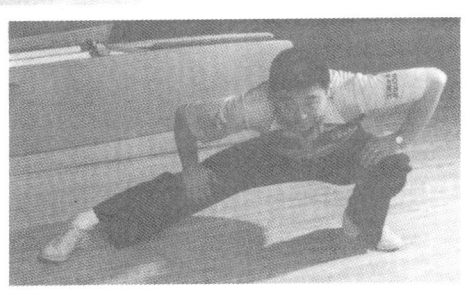

• 초심자를 위한 어드바이스

7. 도움이 되는 한 마디 힌트

이론을 머리 속에 집어 넣고 맹연습을 쌓아 마침내 벽에 부딪쳐 버리는 것이 스포츠의 심오한 점이다. 이런 때 명선수가 말한 한 마디가 묵직하게 가슴에 와 닿는다. 물론 초심자에게도 그들의 한 마디가 실력 향상을 위한 값진 힌트가 될 것이다.

"볼의 자세는 갓난아기를 정답게 어르는 요령과 같다"——라버너 카터——

상반신의 힘을 빼고 편안하게 어드레스하고 있는 올스타의 여왕 라버너의 모습이 눈에 선하게 떠오르는 것 같다. 어깨를 으쓱 치켜서 어드레스를 한 것은 컨트롤 미스의 원인이다.

"오른손잡이 볼러의 왼손은 몸의 밸런스를 지배하는 분동이다"——칼멘 사루비노——

"도움닫기는 산책길을 걷는 기분으로 조금도 거드름을 피울 필요는 없다"——돈 애리스——

"투구 동작의 마무리는 볼이 손에서 떠난 후부터 시작한다"——빌리 식스티이——

볼의 컨트롤을 결정하는 것은 폴로 스루이다. 튼튼한 폴로 스루를 할 수 있는 것은 그 볼이 충분하게 컨트롤되어 있었기 때문이다.

"대부분의 볼러는 볼의 위력은 백 스윙의 크기에 따라 생긴다는 착각에 빠져 있다"——야지마 준이치——

야구 공은 팔로 던지지만 볼링은 예를 들면 미끄럼대의 널 위에서 볼을 굴리는 것과 같다. 그리고 볼러의 스윙이 미끄럼대에 해당한다. 좋은 볼을 레인 위에 달리게 하려면 이 미끄럼대가 튼튼하지 않으면 안 된다.

리듬, 밸런스, 타이밍의 3요소가 맞물려서 살아 있는 볼이 레인을 달려가서 헤드 핀을 겨냥하는 것이다.

• 초심자를 위한 어드바이스

8. 속성 볼링 룰

　볼링은 비교적 룰이나 벌칙에 구애되지 않는 즐거운 스포츠이다. 용어와 룰을 간단하게 설명하기로 한다.

● 투구　1프레임에 2회 투구의 기회가 주어진다. 득점은 2회의 투구로 쓰러뜨린 핀의 합계를 기입한다.

● 스트라이크　프레임의 제1투로 10핀을 전부 쓰러뜨리면 스트라이크이고 ✕마크를 붙인다. 스트라이크를 내면 다음 프레임의 2투 합계 핀을 가산 할 수 있다. 따라서 프레임의 득점은 공란으로 하여 다음 프레임의 투구에 넣는다.

● 스페어　프레임의 제2투로 남은 핀을 전부 쓰러뜨리면 스페어이고 ◢ 마크를 붙인다. 스페어를 내면 다음 프레임의 제1투의 핀 수를 가산할 수 있다. 따라서 프레임의 득점은 공란으로 하여 다음 프레임의 투구에 들어간다.

　제10프레임에서 스트라이크 또는 스페어가 나온 경우는 제3투까지 던질 수 있다.

룰은 간단하며 누구든지 할 수 있다

- 에러 프레임의 제2투째에서 핀이 남은 경우는 에러이고 ⊟마크이다. 제1투에서 볼이 레인 옆의 홈에 떨어졌을 경우는 거터이고 G마크를 붙인다.
- 파울 투구자가 파울 라인을 밟고 넘어와서 투구한 경우는 파울이고 F마크이다.
- 데드 볼 무효 투구를 말하는데 무득점이 되고 경기자는 다시 한 번 투구할 수 있다.

  ① 투구 후 바로 1개 또는 그 이상의 핀이 배열에서 부족하다는 것을 알았을 경우

  ② 경기자가 다른 레인에서 투구하든지 순번을 틀렸을 경우

  ③ 경기자가 투구 중에 다른 경기자나 관중의 움직이는 것에 방해를 받았을 경우

  ④ 투구한 볼이 핀에 맞기 전에 핀이 움직이거나 쓰러졌을 경우

  ⑤ 경기자의 볼이 다른 장해물에 닿았을 경우
- 고의의 파울 이득을 목적으로 한 고의의 파울은 경기자의 자격이 실격된다.
- 애버리지 시즌 중에 참가한 게임 수로 경기자의 토털 25핀을 나눈 득점으로 평균 늑점이라고 말한다.

• 초심자를 위한 어드바이스
9. 핸디캡을 붙여서 드릴있는 게임을 즐기자

대전자의 실력에 격차가 있을 경우 또는 초심자와의 대전에서는 핸디캡을 설정하면 드릴있는 게임을 즐길 수 있다.

대전자의 실력이 백중하고 있을 경우에는 노 핸디로 경기를 진행해야 할 것이다. 노 핸디의 경기는 스크래치 방식이라고 부르는데 물론 프로의 시합은 모두 이것이다.

그러나 실력에 차이가 분명할 경우는 핸디를 설정하는 편이 드릴있는 게임을 즐길 수 있다.

핸디캡 방식은 대전자의 애버리지를 통고받아서 그 중에서 가장 실력이 좋은 플레이어의 핸디캡을 제로로 하고 나머지는 차례로 최고 애버리지와의 차이를 핸디캡으로 하여 전부 대전자에 준다. 이것이 100% 방식이다.

〈핸디를 내는 방법〉

애버리지가 A군 180점,
B군 160점,
C군 140점,
D군 120점의 경우

100% 방식	A	0	B	20	C	40	D	60
80% 방식	A	0	B	16	C	32	D	48
78% 방식	A	0	B	14	C	28	D	42

그러나 그렇게 해서는 너무 획일적이라고 생각되면 이 100%를 80%로 해도 좋을 것이다. 그런 편이 오히려 상급자에 대한 투지가 솟아나서 게임의 긴장감이 고조될 것이다. 초심자가 낮은 득점인데 핸디의 덕택으로 우승이라면 우승한 본인도 죄송해 할 것이다.

그 밖에 드리·식스·나인 게임으로 불리우는 방식이 있으나 이것은 핸디를 핀 수가 아니고 마크로 준다. 3, 6, 9의 프레임에 미리 ✕ 마크를 기입해 놓는 방법이다. 실력에 큰 차이가 없는 경우는 이 ✕ 를 ◢ 로 해도 좋을 것이다.

스커치 더블즈 게임이라고 해서 두 사람이 한 조로 팀을 짜고 조 대항전을 하는 방법도 있다. 예를 들면 제1구를 A군이 던지고 남은 핀을 B군이 잡는 것이다. 프로와 초심자가 한 조가 되면 게임 전개도 뜻대로 되지 않아 벤치를 크게 들끓게 할 것은 틀림없다.

• 초심자를 위한 어드바이스
10. 기원전 5천년 전부터 있었던 볼링 원형

볼을 굴려서 핀을 쓰러뜨리는 드릴은 아무래도 인간에게 어떤 종류의 쾌감을 안겨주는 것으로 보인다. 기원전 5천년의 이집트 인의 무덤에서 발굴된 석제의 볼과 핀이다. 그들은 도대체 어떤 룰로 이 게임을 즐겼을까?

볼링의 원형은 14세기경 유럽 승려들의 손으로 만들어졌는데 그 중심적인 인물은 종교 개혁으로 유명한 마틴 루터였다. 사실 당시의 볼링은 스포츠라고 하기보다 종교상의 의식이나 운수를 점치는데 이용된 신성한 도구였던 것 같다.

인간은 석기시대에 이미 돌멩이를 굴려서 즐기는 게임을 알고 있었다

볼링이 게임으로서 사람들의 사랑을 받은 것은 그 뒤의 일로 기록에 의하면 영국의 에드워드 3세는 병사가 볼링의 전신인 나인 핀에 열중하여 무술의 단련을 소홀히 하는데 진저리가 나서 금지령을 내렸다. 영국의 국기로 되어 있는 론(잔디) 볼링이 그것이다.

이 나인 핀은 유럽에서 이식자의 손으로 미국에 전해져 뉴욕 등지에서 폭발적인 인기를 얻었다. 그러나 브로드웨이 등에서 볼링장이 갱의 온상이 되는 등 심각한 사회문제로 번져 나인 핀의 명맥은 마침내 끝장이 났다.

현재의 텐 핀 볼링이 등장하여 건전한 실내 스포츠로 부활한 것은 1895년에 뉴욕 시에서 경기단체의 ABC(미국 볼링협회)가 탄생하여 미국 시민으로부터 열광적인 환영을 받았기 때문이다.

귀족이나 장군들의 운수를 알아 보는데도 볼링이 이용되었다고 전해지고 있다

볼링만의 독특한 투구 동작을
배워보고 비교해보면서
아마와 프로의 스트라이크 차이법과
①③번 핀을 겨냥하는 이유,
그리고 자기만의 투구법을 익히기 위한
설명이 상세하게 되어 있다.

제1장
볼링은
인도어 스포츠의 왕

1. 독특한 볼링의 투구 동작

볼링은 독특한 동작으로 볼을 던진다. 물론 이 투구법은 다른 어떤 구기에도 볼 수 없다.

어디가 어떻게 "독특"한 것일까?

그것을 함께 생각해 보자.

야구의 피처가 공을 던지는 폼을 회상해 보자.

야구 공을 던질 경우 팔을 휘두르기 전에 먼저 하반신이 움직인다. 한 발로 서서 반대쪽의 발을 크게 앞으로 내딛고 여력을 만들어서 날카롭게 팔을 휘두른다.

즉 상반신과 하반신 사이에 미묘한 "시차"가 있다. 이 시차, 즉 팔의 흔들림이 늦을수록 좋은 것이다.

골프의 샷도 클럽을 휘두를 때는 하반신이 상반신을 리드하고 있다.

그런데 볼링에서는 하반신과 상반신을 함께 움직여야 한다.

조금 더 정확하게 설명해 보자.

볼링의 볼은 진자 운동의 "진자" 역할을 하고 있다. 팔은 진자를 매달은 실이고 어깨가 지점이다.

진자가 그리는 궤적을 아크라고 부른다.

볼링에서는 이 아크가 하반신의 움직임, 즉 스텝과 빈틈없이 꼭 동조한다.

"그렇다면 볼링의 투구에는 여력이 필요 없다는 것인가?"라는 질문이 나올 것 같다.

물론 "여력"은 필요하다.

그러나 볼링의 경우 이 "여력"을 의식적으로 만들어 낼 필요는 없다.

야구와 볼링의 투구 동작 비교

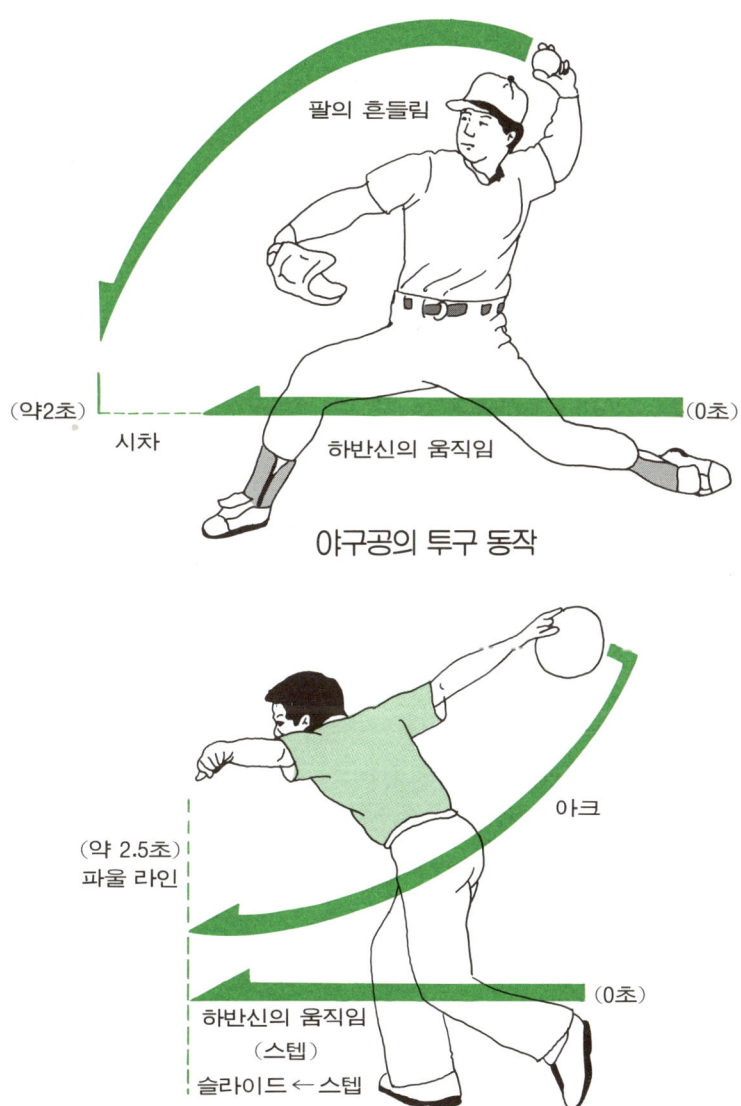

배트나 라켓으로 공을 되받아칠 경우 공이 맞기 직전에 힘을 담아 두었다가 힘차게 팔을 휘두른다.

그런데 볼링에서 "여력"을 만들려고 하면 팔에 필요없는 힘이 들어가서 아크의 궤적이 흩뜨려져 버린다.

그렇다면 볼링의 "여력"은 어디에 있는 것일까?

해답은 볼의 무게이다.

볼의 무게 그 자체가 투구 동작 속에 흡수되어 자동적으로 효과적인 "여력"이 되어 있는 것이다.

볼링의 투구 동작이 다른 구기와 다른 것은 사실 그 탓이었던 것이다.

스스로 "여력"을 만들 필요가 없으므로 볼링의 투구 폼은 상반신과 하반신이 동조하여 흐르는 것처럼 스무드하다.

어드레스에 서서 볼을 던질 자세를 취하면 두 손에 묵직하게 볼의 중량감이 전해 온다.

이것이 이른바 "여력"이다.

정신을 집중시켜 스트라이크의 이미지를 그리고 제1보를 내딛고 여기서부터 투구 동작이 시작된다.

볼링의 경우 스텝(하반신)과 아크(팔의 진자 운동=볼의 궤도)가 동조하므로 제1보가 투구 동작의 초동이다.

그리고 스텝이 멈춘 곳에서 아크가 꺾어져 볼은 레인으로 간다.

4걸음 도움닫기에서는 퍼스트 스텝과 동시에 개시된 투구 동작이 최종 걸음과 동시에 완료되어 거기에서 볼은 "좋은 감"으로 릴리즈된다.

이것이 볼링의 기본적인 투구 동작이다.

어디에도 무리가 없고, 물론 필요없는 힘은 전혀 들어가 있지 않다.

볼링의 폼이 흘러가는 것처럼 아름다운 것은 그 때문이다.

초심자 중에는 볼을 안고 종종 걸음을 치며 파울 라인 바로 앞에서 힘껏 내던지는 사람이 있다.

볼은 크게 빗나가서 거터로 간다.

어째서 볼이 빗나가 버렸는가.

그 이유는 이미 알았을 것이다.

"여력"이 되어야 할 볼의 무게를 투구 동작 속에 잘 흡수시키지 못했기 때문이다. 투구 리듬에서 밀려나온 볼의 중량감에 팔이 저버려서 볼을 똑바로 릴리즈하지 못했기 때문이다. 완력을 믿고 볼을 던지면 컨트롤이 흩뜨러지는 것도 같은 이유에서이다.

필요없는 힘이 가해지면 진자의 아크가 이상해져서 마음먹은 대로 볼을 던질 수가 없다.

그러나 올바른 폼으로 볼을 던지면 볼의 중량이 "여력"으로 변하여 볼의 무게가 조금도 부담이 되지 않는다.

올바른 폼이 정확한 컨트롤과 볼의 파괴력을 낳는 것은 그 때문이다.

그 중에는 힘껏 볼을 던지면 그만큼 위력있는 핀을 히트시켜 스트라이크를 내기 쉽다고 생각하는 사람도 있는 것 같다.

그러한 착각이 팔이나 어깨에 불필요한 힘을 넣게 하여 모처럼의 폼을 쓸모없게 하는 것이다.

적당한 힘으로 던진 볼을 핀에 맞는 순간 자중의 약 10배의 파워를 발휘한다.

10개의 핀을 히트하는데 그 이상의 파워는 조금도 필요없다.

2. 스트라이크에도 있는 차이

스트라이크 히트에 관한 한 프로와 아마의 차이는 없다. 국민학생이 낸 스트라이크도 프로 볼러가 낸 스트라이크도 10개의 핀을 쓰러뜨리는 현상은 같은 것이다.

초심자도 스트라이크를 낼 수 있는 반면 프로가 승부 시합에서 노 마크라는 케이스도 드물지 않다.

그러나 스코어로 보면 프로와 아마의 차이는 매우 분명해진다.

프로의 애버리지는 220핀이다. 아마추어로 160핀을 갖는 것은 이만저만한 일이 아니다. 오히려 골프 쪽이 프로(1라운드/파 72스트로크)와 아마(싱글 플레이어/파 81스트로크)의 차이가 근소하다고 말할 수 있다.

스트라이크를 내는 것은 그렇게 어려운 일이 아닌데도 왜 스코어에서 이렇게 큰 차이가 나오는 것일까.

그 이유는 아마추어의 스트라이크가 단발성인데 대하여 프로의 스트라이크는 연속성이기 때문이다.

아마는 스트라이크 히트에 손벽을 치며 좋아한다. 그러나 이것은 스트라이크를 노려서 투구하고 있으므로 당연하다.

그런데 프로에 있어서는 스트라이크는 목적이 아니고 수단이다.

목표는 물론 퍼펙트 게임이다.

스트라이크라는 수단을 쌓아서 퍼펙트라는 목표에 접근하는데는 단발적인 스트라이크로는 도저히 충족되지 않는다.

그래서 프로는 스트라이크를 효율적으로 "연속"시키는데 모든 신경을 쏟는다.

프로는 터키(3연속 스트라이크)로 겨우 한숨을 돌린다. 그런데 아마추어는 스트라이크가 나오면 "별것 아니군. 볼링이란 의외로 간단하구나"라고 방심해 버리는 것이다.

스트라이크 히트의 상쾌감도 틀림없는 매력이겠지만 터키를 내지 않으면 볼링의 묘미는 맛볼 수 없다.

목표를 스트라이크가 아니고 터키에 설정해야만 볼링의 드릴있는 즐거움을 만끽할 수 있다는 것을 유념해 두기 바란다.

모처럼 제1투에서 스트라이크를 냈지만 제2투에서 미스해 버리면 그 후 스트라이크와 스페어를 계속해도 3투째의 스코어는 46밖에 되지 않는다. 그러나 터키를 내면 4투째가 스페어라도 79의 최고 득점을 얻게 되는 것이다.

볼링의 스코어는 스트라이크를 연속적으로 쌓아 올리므로써 효율적으로 늘어난다.

2투째에서 불과 2핀을 남겨 놓았는데도 3투째의 스코어에서는 33핀의 차이가 나버리는 점이 볼링의 무서움이고 또 재미이다.

더블(2연속 스트라이크)로는 스페어로 쫓아오는 라이벌에 역전을 당하게 된다.

하물며 1회의 스트라이크로 기뻐서 어씨 할 바를 모른나닌 볼링의 드릴있는 즐거움은 조금도 맛볼 수 없을 것이다.

〈득점이 틀리는 예〉

• 터키의 뒤가 스페어라도 79점이 된다

✕	✕	✕	9 /
30	59	79	

• 그런데 2투째를 미스해 버리면 46점밖에 되지 않는다

✕	⑧	✕	9 /
18	26	46	

〈득점이 틀리지 않는 예〉

• 더블의 뒤에 미스로 다음에 스페어를 잡은 경우

✕	✕	8	1	9 /
28	47	56		

• 가운트 9에서 전부 스페어를 잡은 경우

9 /	9 /	9 /	9 /
19	38	57	

3. 핀을 보고 겨냥할 수 있을까?

홈런을 친 타자는 외야석을 바라보면서 배트를 휘두른 것이 아니다. 오히려 반대이다.

그는 정신차려서 공을 보고 배트를 휘두른 것이다.

공이 외야석으로 날아간 것은 정확하고 올바른 폼으로 배트를 휘둘렀기 때문이다.

볼링의 투구도 그것과 같다.

투구 동작에 들어가면 핀을 보지 말고 자기의 투구 동작을 확실하게 관찰해야 한다.

볼링의 경우 핀을 쓰러뜨리려는 의식을 가질 필요는 없다.

볼의 힘이 약했기 때문에 볼이 핀에 튕겨져 나와 버렸다……라는 것은 결코 일어날 수 없는 일이다.

볼이 ①번 핀과 ③번 핀을 히트하면 그 다음은 볼이 핀을 기분좋게 쳐서 쓰러뜨려 줄 것이다.

핀을 겨냥하여 볼을 던지면 폼은 형편없이 무너져 버린다. 헤드 업해 버릴 뿐 아니라 핀에 정신을 팔려서 자기의 폼의 컨트롤이나 릴리즈의 손어림이 소홀해져 버리기 때문이다.

핀을 겨냥하기 전에 자기의 폼을 확립시키는 것이 선결이다. 자기 폼을 확립하기 전에 아무리 핀을 겨냥해도 그것은 "제멋대로의 짐작"이라는 것이다.

그러나 "핀을 보지 않고 볼을 던지는 것은 불안……"하다는 기분을 모르는 바는 아니다.

예측이 틀리면 좋은 감으로 릴리즈해도 헤드 핀을 떼내지 못한다고 생각하는 것은 오히려 자연스러운 감정일 것이다.

그렇다면 겨냥을 정하더라도 폼이 무너지지 않는 포인트를 찾아서 그곳에 집중적으로 볼을 던지는 공부를 하여야 한다.

스포트는 그것을 위한 것이다.

스포트는 파울 라인의 약 4.28미터 전방에 있다. 여기에서 겨냥을 정하더라도 폼이 크게 무너지지 않는다.

릴리즈의 포인트와 통과하는 스포트를 미리 상정하여 그 이미지대로 볼을 릴리즈하여야 한다.

레인 컨디션, 혹은 그 날의 몸의 상태에 따라서 평소때와 같은 스포트를 통과하더라도 헤드 핀을 히트할 수 없을 때는 스포트의 겨냥을 조금 변경해 볼 필요가 있다.

그리고 "여기다"라고 생각하는 포인트를 찾아내면 거기를 차분히 공격하는 것이다.

그런데 핀의 위치나 레인의 길이가 매 번 달라진다면 그 때마다 핀에 겨냥을 정할 필요가 있을지도 모른다. 그러나 볼링에서는 핀의 위치도 레인의 길이도 항상 일정하다.

핀에 겨냥을 정하는 것보다 스포트를 통하여 레인과 핀의 전체상을 머리 속에 넣어버리는 것을 생각해 보면 어떨까.

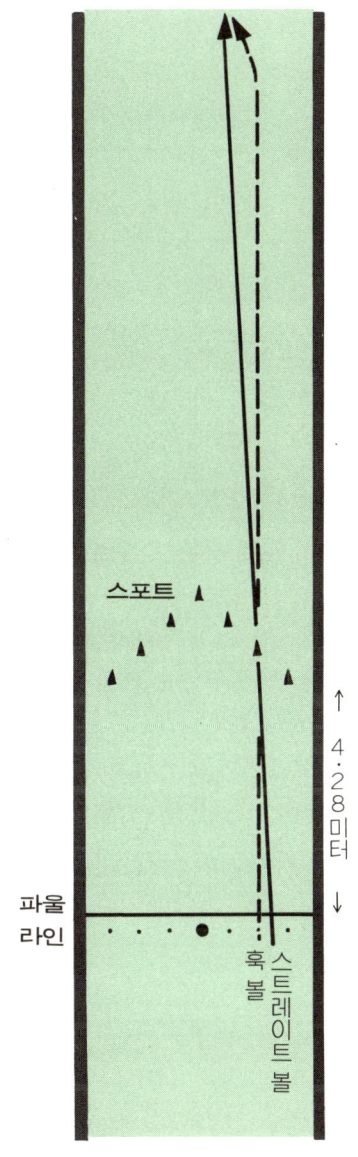

그렇게 하면 자기의 구도와 스포트를 맞물리게 함으로써 머리 속에 헤드 핀의 위치가 또렷이 떠오르게 될 것이다.

 스포트만 보고 있으면 핀을 보지 않아도 핀을 겨냥 할 수 있다……. 이렇게 되면 다음은 자기의 투구에 전신경을 집중할 수 있기 때문에 폼은 각별하게 안정될 것이다.

이집트에서 볼링 비슷한 게임을 즐기는 모습 (B.C 5200년)

4. 왜 ①③번 핀을 겨냥하는가?

①번 핀은 볼로 핀을 직접 히트하지 않으면 클리어할 수 없다. 그래서 볼러는 이 ①번 핀을 클리어하는 것을 먼저 염두에 둔다.

그러나 스트레이트 볼로 똑바로 ①번 핀을 겨냥하면 빅 포라고 부르는 어처구니 없는 스플리트가 남아 버린다. [그림—①]

이 스플리트는 제2투로 클리어(스페어)하는 것이 거의 불가능한 어려운 핀이다.

즉 정면에서 ①번 핀을 겨냥하면 스트라이크를 낼 수 없을 뿐 아니라 스페어의 찬스마저 없어져 버린다.

그러면 정면에서 ①③번 핀을 겨냥하면 어떨까. [그림—②]

이것도 스플리트의 가능성이 커진다.

즉 정면에서 스트레이트 볼을 던지면 가령 ①번 핀을 히트했다 하더라도 스트라이크는 좀처럼 나오지 않는다.

그것뿐 아니라 스플리트가 남아 스페어마저 잡을 수 없는 가능성이 남는다.

그림1—①번 핀을 겨냥한다

⑦ ⑧ ⑨ ⑩
④ ⑤ ⑥
② ③
1

↑ 스트레이트 볼

● 히트한 핀
○ 클리어된 핀
◌ 남은 핀

여기서 스트라이크의 패턴을 보기로 하자. 〔그림—③〕

볼은 조금 비스듬히 ①번 핀을 두껍게 히트하여 궤도를 오른쪽으로 수정하여 ③⑤⑨의 핀을 쳐서 쓰러뜨리고 있다.

핀 액션도 합리적이며 이것으로 핀이 남았다면 의아하게 생각하지 않을 수 없다.

탕 하는 상쾌한 소리를 남기고 일순간에 10개의 핀이 클리어되는 퍼펙트 히트는 ①③번 핀을 히트하는 미묘한 앵글에 있다.

그렇게 알았으면 스트레이트 볼을 던지는 볼러는 릴리즈의 장소를 조금 이동시켜야 한다.

물론 볼이 왼쪽으로 구부러져 가는 훅 볼을 던지는 것이 이상이지만 훅 볼에 관해서는 별 항으로 미루고 여기에서는 ①⑤번을 히트하는 진입 볼의 앵글에 관해서 조금 더 생각해 보기로 하자.

그림-④와 같이 스트레이트 볼로 ①③핀을 정면에서 겨냥하면 스트라이크가 나오기 어려울 뿐 아니라 스플리트가 남기 쉽다고 지적한 바 있다.

그래서 레인의 오른쪽에 서서 그림-⑤와 같이 조금 각도를 붙여서 볼을 던져야 한다.

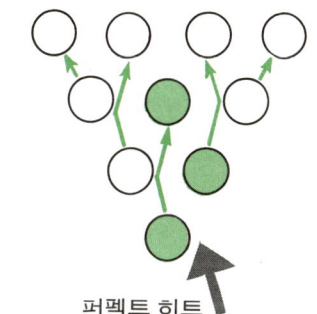

그림2-①③번 핀을 겨냥한다

스트레이트 볼

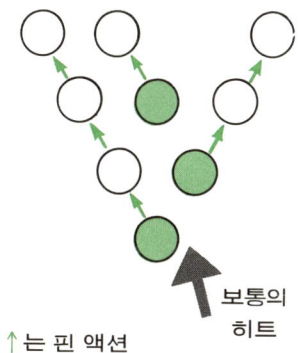

그림3-스트라이크의 핀 액션

퍼펙트 히트

보통의 히트

↑는 핀 액션
● 는 볼이 쓰러뜨린 핀

● 제1장 볼링은 인도어 스포츠의 왕 45

볼은 ①번 핀과 ③번 핀의 사이로 미묘한 각도로 진입하여 이론대로 핀을 쓰러뜨려서 퍼펙트 히트한다.

여기에서 주의해야 할 것은 ①③번 핀의 중간을 겨냥할 경우에도 표적은 어디까지나 ①번 핀에 둔다는 것이다.

①번 핀을 히트시키는데 실패하면 핀 액션이 기대할 수 없는 부분이다. ①번 핀이 확실하게 남아 버린다는 것과 남은 핀이 스플리트가 되어 버리는 가능성이 커지기 때문이다.

그림-⑥은 볼이 ①번 핀만을 히트한 경우이다. 남은 핀은 ③⑥⑩번 핀이다.

볼이 약했을 경우는 ⑨번 핀이 남는 일이 있으나 어쨌든 스페어는 충분히 노릴 수 있는 핀이다.

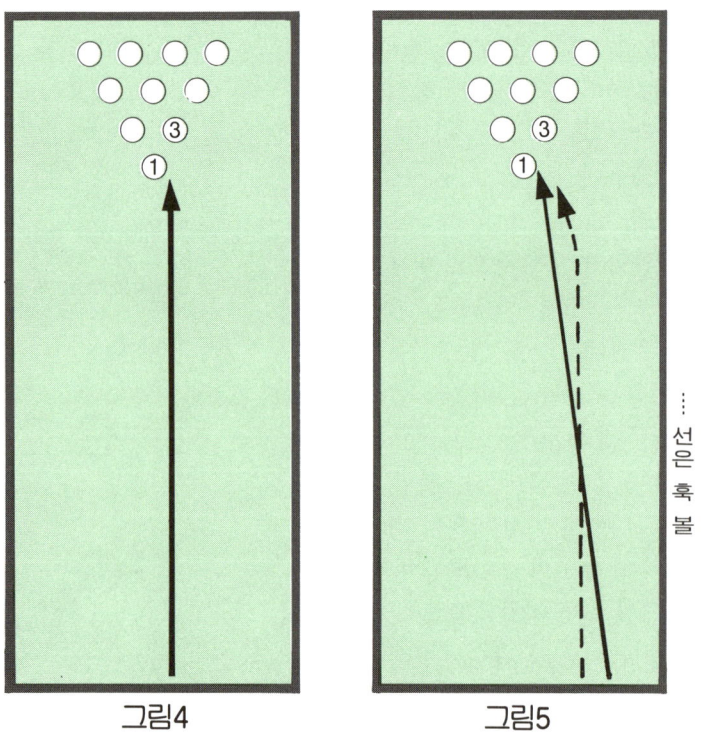

그림4   그림5

그런데 그림-⑦과 같이 ①번 핀을 떼내 버리면 ①②④⑩번 핀이 남아 버린다.

이것은 와셔라고 부르는 어려운 스플리트로 이 와셔가 나와 버리면 스페어의 가능성은 그 순간에 작아져 버린다.

그림-⑥의 경우, 볼은 더욱더 왼쪽으로 빗나가면 ①②번 핀을 때리고 브룩클린 히트라는 스트라이크가 나올 가능성이 있다. 더구나 오른쪽으로 빗나가면 퍼펙트 히트이므로 ①번 핀 겨냥은 아마추어에 있어서는 효과적인 전술이라고 할 수 있다.

그러나 그림-⑦의 경우, 볼이 오른쪽으로 빗나가면 클리어할 수 있었던 것은 ⑥⑧⑩번 핀의 3개 뿐이라는 무참한 결과가 될지도 모른다.

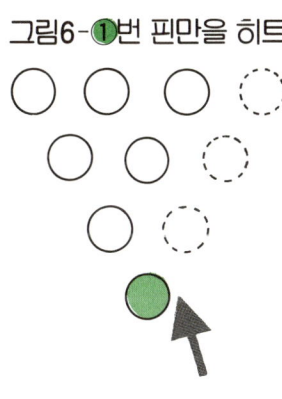

그림6-❶번 핀만을 히트

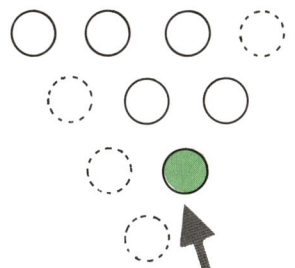

그림7-❶번 핀을 떼낸 경우

● 히트한 핀
○ 남은 핀

5. 자기 투구법을 익히자

볼링에 요구되는 근력은 볼을 강한 힘으로 던지기 위해서가 아니다. 볼의 무게에 지지않는 근력이 없으면 폼이 흔들려 버리기 때문이다.

16파운드의 볼을 던지는 데는 그 나름의 근력이 없으면 몸이 볼에 휘둘려 버리게 된다.

프로 볼러는 매일 근력 트레이닝을 하고 있는데 그것은 16파운드의 무게의 볼을 자유자재로 컨트롤하기 위한 것으로 볼에 좀더 스피드를 붙이려고 생각하고 있는 것이 아니다.

따라서 근력에 자신이 없는 사람은 가벼운 공을 가지고 그 볼을 자유자재로 다루는 폼을 완성해야 한다.

어떤 공에도 무게가 있는 것과 같이 적당한 회전과 스피드가 미리 정해져 있다.

볼이 가지고 있는 기능(무게와 적정한 회전과 스피드)과 자기의 체력이 매치하면 볼의 파괴력은 한층 더 향상하기 마련이다.

볼링은 "투구 동작의 완성도"가 요구되는 스포츠이다.

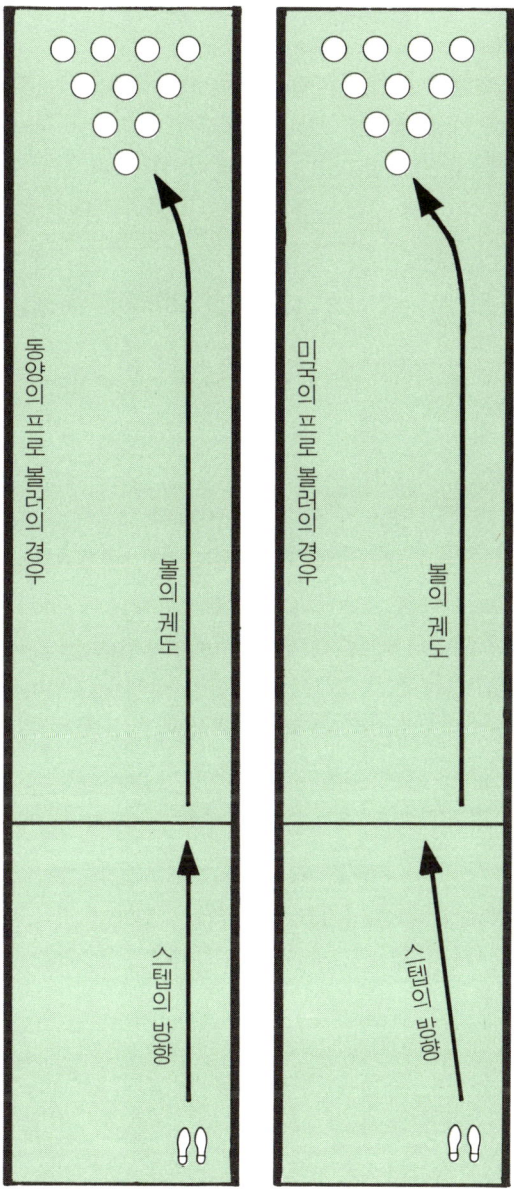

동양의 프로

미국의 프로

체력에 맞지 않는 볼을 사용하여 폼을 흩뜨러 버리면 볼의 파괴력은 저하되고 만다.

본고장 미국의 프로는 왕성한 근력, 긴 다리, 타고난 기술력을 구사하여 괄목할만한 훌륭한 볼을 던진다.

그리고 놀라운 것은 그들의 손 관절의 부드러움이다.

엄지 손가락이 동양인보다 크게 안쪽으로 구부러지므로 스팬이 넓게 잡혀 그만큼 볼의 "꺾기"가 좋다.

미국의 프로 중 8할이 인사이드 아웃의 스윙에서 날카로운 훅 볼을 던지는 것은 그 때문이다.

그러나 동양인이 미국의 프로 흉내를 내도 육체적인 조건이 맞지 않으므로 폼에 무리가 생겨 결국 변칙 폼이 되어 버리고 말 것이다.

자기의 몸이나 근력에 맞는 "자기의 투구법"을 몸에 익히는데 미국의 프로 볼러의 폼은 그다지 참고가 되지 않을지도 모른다.

동양인 볼러의 특징은 안정된 하반신과 정확한 컨트롤이라고 할 수 있다. 전신을 잘 사용하여 타이밍이 좋은 볼을 던지는 것이다.

자기의 폼을 만들어 내는데 동양인의 이 특징을 살려야 한다. 그러기 위해서는 안정된 하반신과 함께 강한 상반신을 만들어야 한다는 것은 말할 나위도 없지만 특히 강조하고 싶은 것은 리듬, 타이밍, 밸런스의 세 가지이다.

리듬

스텝과 아크(파의 흔들림)를 동조시키는 데는 투구 동작에 리듬을 갖게 해야 한다. 그 리듬을 타서 몸을 크게 사용하면 아크는 스텝의 스피드와 정확히 일치할 것이다.

타이밍

릴리즈는 흐르는 것 같은 투구 동작의 최종 단계에 행해지는 결정적인 일순간이다. 최종 스텝의 슬라이드와 아크의 종료점이 일치한 절묘한 타이밍은 이론이 아니고 몸에 느끼도록 해야 할 것이다.

밸런스

볼은 진자 운동에 의해서 스피드와 방향성이 주어진다.

허리 뒤에서 돌려서 오는 것 같은 아크나 몸이 좌우로 흔들리는 폼에서는 퍼펙트 히트를 겨냥할 수 있는 살아 있는 볼은 결코 나오지 않는다. 컨트롤이 흩뜨러진 것은 밸런스가 무너져 주로 잘 쓰는 어깨가 전후 좌우로 움직인 대가라고 알아야 한다.

자기의 투구 동작이 고정되면 구질과 구도도 결정된다.

볼링이 더욱 즐거워지는 것은 이 무렵부터이다.

핀을 겨냥하는 것이 아니라 자기의 볼이 그리는 궤도를 상정하여 그 이미지를 핀에 맞출 수 있게 되기 때문이다. 터키를 노릴 수 있게 되는 것은 이 단계부터이다.

또 레인 컨디션에 따라서 통과시키는 스포트, 릴리즈의 포인트를 변경시키는 어저스팅(궤도 조정)을 할 수 있게 되어 볼링의 즐거움은 갑자기 배가 될 것이다.

볼은 진자 운동으로 스피드와 방향성이 주어진다

자기의 볼이 그리는 궤도를 상정한다

볼을 휘두르는 운동의 지점이 되는 오른쪽 어깨와 목표인 스포트와의 라인을 머리 속에서 연결한다. 눈은 목표의 스포트를 본다.

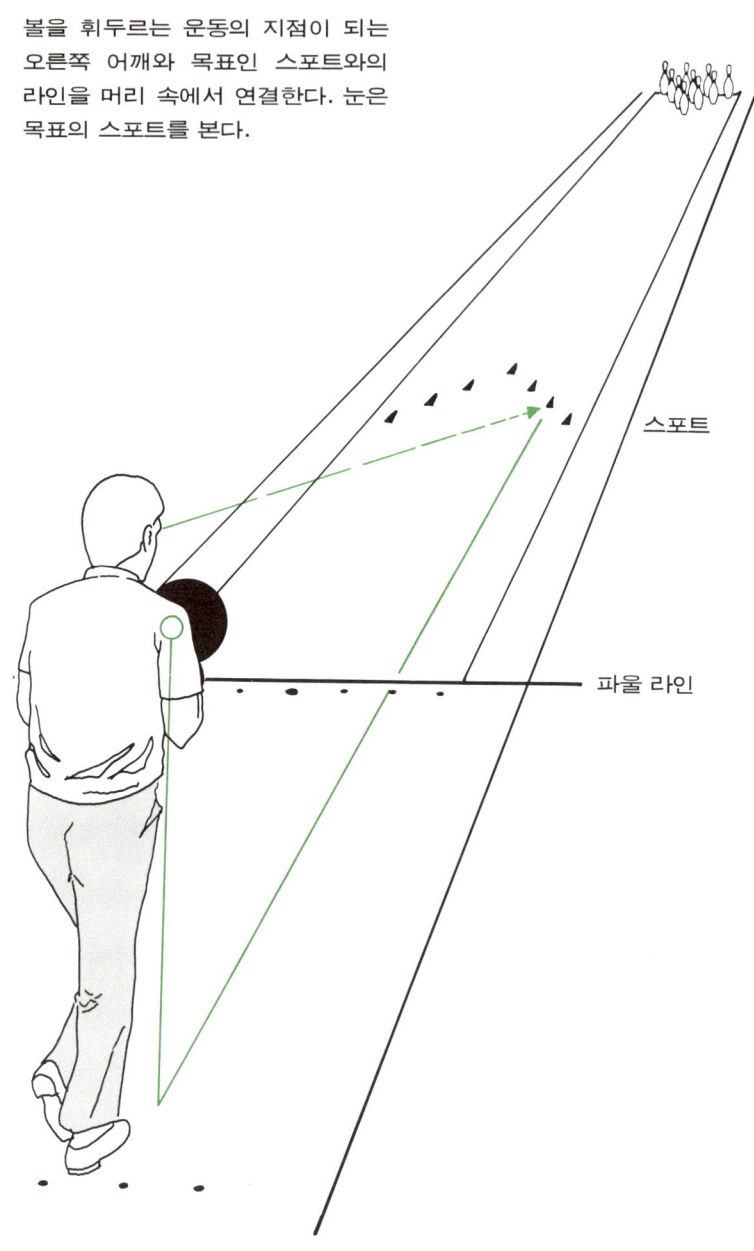

볼링의 기초편으로서
바른 그립 자세와 스탠스 법,
도움닫기의 기본 설명,
그리고 어프로치에서 릴리즈까지를 배우고
그 외엔 투구법을 설명하면서
이상적인 훅 볼을 던지는 비법을 소개하고 있다.

제2장 기초편
기본적인 폼을 익히자

1. 그립

하우스 볼은 모두 컨벤셔널 그립이다.

컨벤셔널 그립(이하 C.G)에 관해 설명하기로 한다.

C.G의 볼은 엄지 손가락이 끝부분까지 들어가고 중지와 약지는 제2 관절까지 구멍 속에 쏙 들어간다.

이 볼의 특징은 볼을 튼튼하게 쥘 수 있다는 점이다. 따라서 컨트롤도 하기 쉽고 긴 시간을 던져도 그다지 피로하지 않다. 적게 쥐는 힘으로 확고하게 볼을 컨트롤할 수 있다는 뜻에서는 이 C.G의 볼은 초심자와 중급자용의 그립이라고 말할 수 있을 것이다.

그러나 이것이 상급자에게 적합하지 않다는 뜻은 아니다.

애버리지가 올라가면 어려운 그립에 도전하고 싶어지는 것이다. 더욱이 다음에 소개하는 핑거 팁이 보다 큰 파괴력을 가진다고 하면 마음이 움직이지 않을 수 없을 것이다.

그러나 핑거 팁은 초심자에게는 별로 권할 수 없다. 백 스윙 때 탕 하고 볼을 떨어뜨리는 것은 익숙하지 않은 핑거 팁의 볼을 가진 초심자에게 많은 것이다.

초심자에게는 핑거 팁의 볼은 무리라고 말할 수 있다.

그런데 C.G의 하우스 볼로 조금 자신이 붙으면 마이 볼을 갖고 싶을 것이다.

그때 그립을 C.G로 하느냐 또는 핑거 팁계의 드릴로 하느냐는 생각해 볼 문제이다.

애버리지 160이하이면 C.G로 하고 좀더 파워풀한 볼을 던지고 싶으면 세미 핑거 그립으로 한다. 이것을 표준으로 하여 그립을 결정하는 것이 타당할 것이다.

같은 C.G라도 하우스 볼과 마이 볼은 다소 틀리다.

하우스 볼의 경우는 중지와 약지의 구멍이 엄지 손가락의 구멍과 같은 거리에 있다.

오른손잡이도 왼손잡이도 사용할 수 있도록 되어 있다.
그러나 새롭게 드릴을 한 C.G의 그립은 오른손잡이의 사람이면 약지의 구멍이 조금 멀리 되어 있을 것이다. [그림 — ②]
자기의 구질이나 손에 맞는 드릴이 되어 있으면 C.G의 그립이라도 충분한 파워는 얻을 수 있다는 것을 알아 두기 바란다.
다음은 핑거 팁(이하 F.T)이다.
F.T는 중지와 약지가 제1관절까지만 들어가고 그만큼 스팬이 넓게 되어 있다.
이 볼의 특징은 릴리즈의 순간에 리프트(볼의 들어올림)가 생겨 훅의 회전을 주기 쉬운 점이다.
그러나 컨트롤 면에서는 약간 난점이 있다. 중지와 약지의 빠짐이 빠르기 때문에 볼을 컨트롤하기가 어렵다는 것이다. 즉 컨벤셔널 그립의 이점이 모두 없어져 버린 것이 이 F·T라고 말해도 과언은 아닐 것이다.
그런데 이 컨벤셔널 그립과 핑거 팁의 중간에 있는 것이 세미 핑거 팁이다.
컨트롤과 펀치력을 겸비한 그립이지만 핑거 팁계는 볼 컨트롤에 자신을 얻은 다음 도전해야 한다.

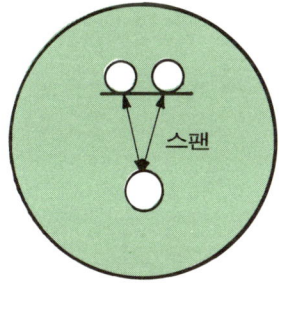

하우스 볼

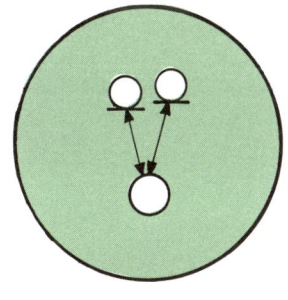

마이 볼

릴리즈의 순간

그립의 종류

● 컨벤셔널 그립 → 초심자 160애버리지의 사람 적합

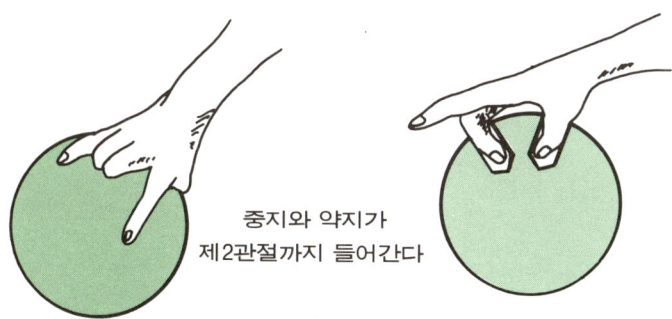

중지와 약지가
제2관절까지 들어간다

● 세미 핑거 팁 → 상급자 볼러에 적합

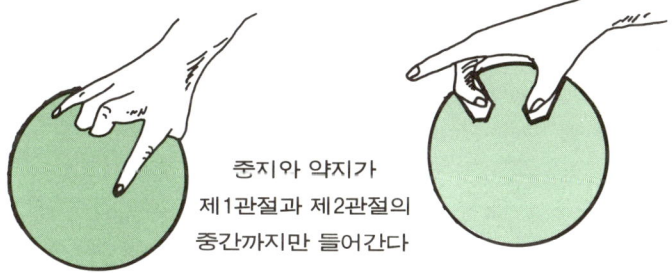

중지와 약지가
제1관절과 제2관절의
중간까지만 들어간다

● 핑거 팁 → 프로 볼러에 적합

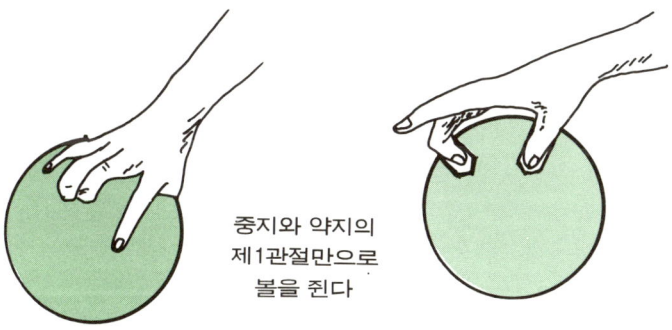

중지와 약지의
제1관절만으로
볼을 쥔다

2. 스탠스와 어드레스

어프로치에서 볼을 쥐고 마침내 투구 준비를 한다.

서는 위치는 네 걸음 도움닫기이면 파울 라인에서 산책하는 보폭으로 네 걸음 반이다. 이 반 보는 최후의 스텝을 슬라이드 시키기 위한 여유의 스페이스이다.

어프로치의 길이가 결정되면 어프로치의 스탠스 스포트에 눈을 돌리기 바란다.

어디에서 스타트했는지를 자기의 위치인 스탠스 스포트에 의해서 확인해 두는 것도 어드레스의 중요한 포인트이다.

양 어깨를 파울 라인과 평행하게 유지하여 볼을 들어 올린다.

볼을 몸의 중심보다 약간 오른쪽에서 받치고 좌우의 팔로 볼의 무게를 균등하게 나누는 것이 기본이다. 몸의 중심선을 똑바로 유지하는 것에 주의한다.

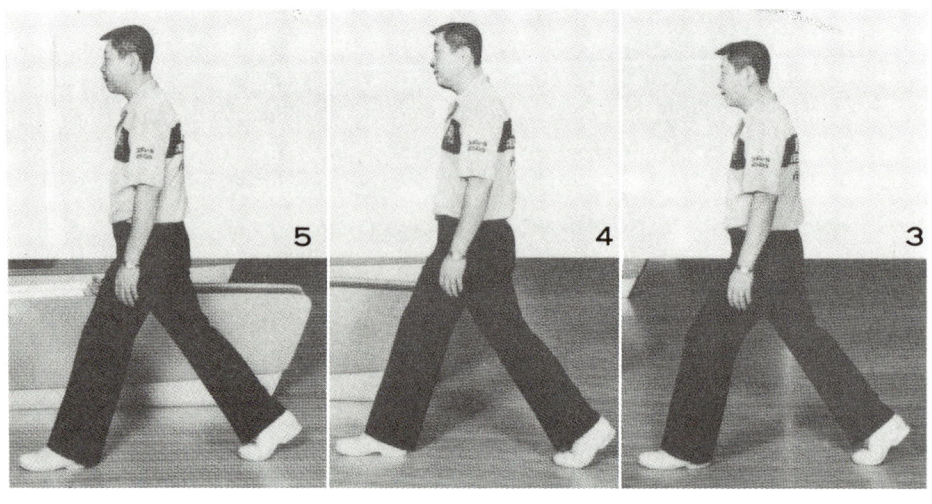

파울 라인의 조금 앞에서부터 보통으로 걷는 보폭

제4보　　　제3보　　　제2보

네 걸음 도움닫기의 스탠스 위치 정하는 법

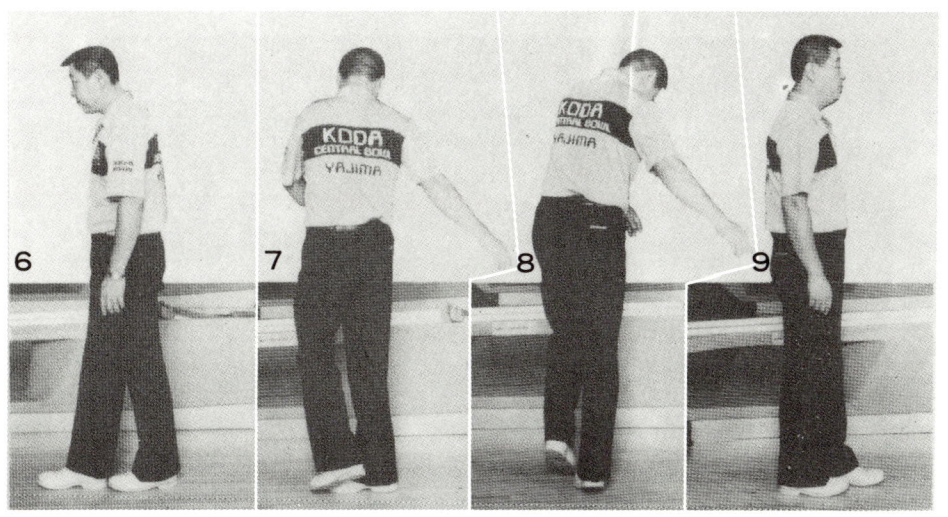

뒷발을 축에 오른쪽으로 돈 곳이 스탠스의 위치

1발분 → 오른쪽으로 돈다 → 스탠스의 위치

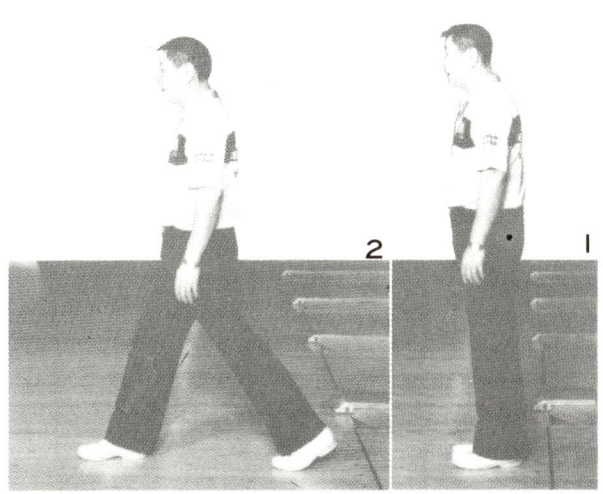

보다 약간 크게, 4보 반 정도 레인을 역으로 걷는다

제1보

오른쪽에서 볼을 받치는 경우는 오른쪽 손목을 팽팽하게 뻗고 볼의 중량을 몸의 오른쪽 반이 아니고 허리로 받도록 하기 바란다.

오른손으로 그립한 볼을 왼손으로 받치는 경우는 몸의 중심선이 좌우로 흔들리지 않도록 주의해야 한다.

볼을 몸에서 떼든지 양 팔꿈치를 뻗어서 자세를 취하면 편안하고 자연스러운 자세가 무너져 스무드한 스윙으로 옮겨갈 수가 없다.

그런데 3가지 어드레스 중에서 가장 스무드하게 스윙으로 옮겨갈 수 있는 것은 볼을 오른쪽(오른쪽 어깨의 앞)에서 자세를 취한 어드레스 ②일 것이다.

어드레스의 세 가지 법

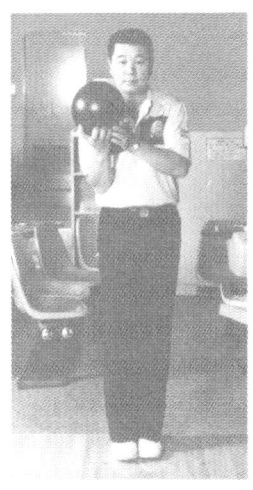

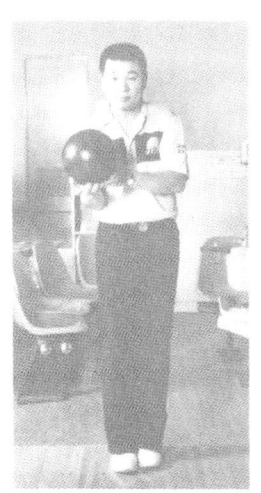

방법1 평균적인 어드레스
볼의 위치가 오른쪽 어깨에 가깝기 때문에 푸시 어웨이가 크게 잡혀서 스피드를 붙이기 쉽다

바른 자세를 취해
자기 것으로 한다

오른쪽에서 행해지는 스윙의 진자 운동으로 옆으로 흔들리지 않고 이행할 수 있기 때문이다.
　볼을 오른쪽 어깨 앞에서 자세를 취하면 릴리즈 순간에 엄지 손가락의 "빠짐"을 이미지로 그려보기 바란다. 엄지 손가락을 핀에 향해서 릴리즈하는지 비스듬히 빼는지 그 이미지를 일정하게 해두지 않으면 볼의 궤도가 던질 때마다 틀릴 수도 있다.
　자세가 갖추어지면 마침내 어프로치이다.
　상체를 조금 앞으로 기울이게 하고 양 발의 발끝을 판자 이음매를 따라서 평행 또는 오른발을 조금 뒤로 끌고 천천히 내딛어 주기 바란다.
　처음에 내딛는 오른발을 조금 뒤로 취하면 몸 전체가 부드럽게 움직여진다.

방법2　평균적 어드레스
중량을 오른손뿐 아니라 왼손으로 받치도록 하면 좋다

방법3　크라우칭 스타일
몸이 앞으로 기울어져 있으므로 자연스러운 어프로치를 하기 쉬우나 볼을 받치는 팔의 힘이 필요하다

어드레스에서의 주의 사항

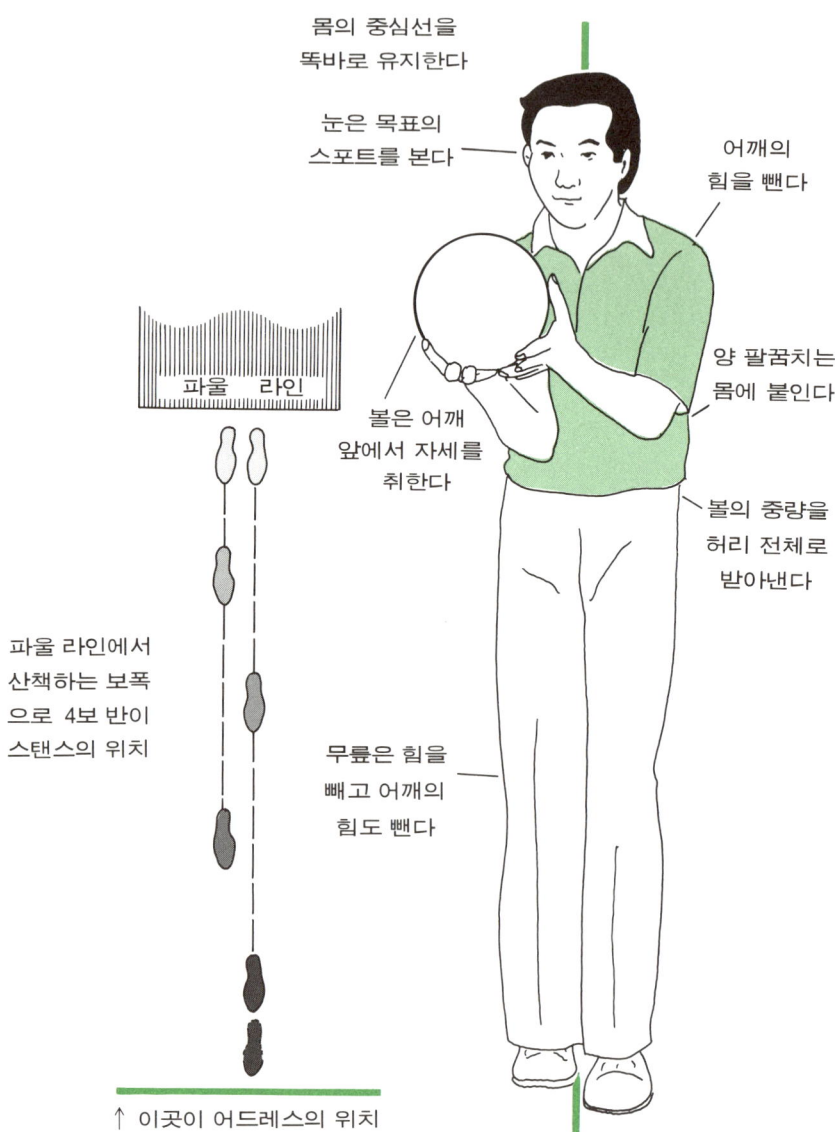

몸의 중심선을 똑바로 유지한다

눈은 목표의 스포트를 본다

어깨의 힘을 뺀다

볼은 어깨 앞에서 자세를 취한다

양 팔꿈치는 몸에 붙인다

볼의 중량을 허리 전체로 받아낸다

파울 라인

파울 라인에서 산책하는 보폭으로 4보 반이 스탠스의 위치

무릎은 힘을 빼고 어깨의 힘도 뺀다

↑ 이곳이 어드레스의 위치

네 걸음 도움닫기에서는 왼발을 조금 내서 자세를 취한다

스윙의 기본은 진자 운동

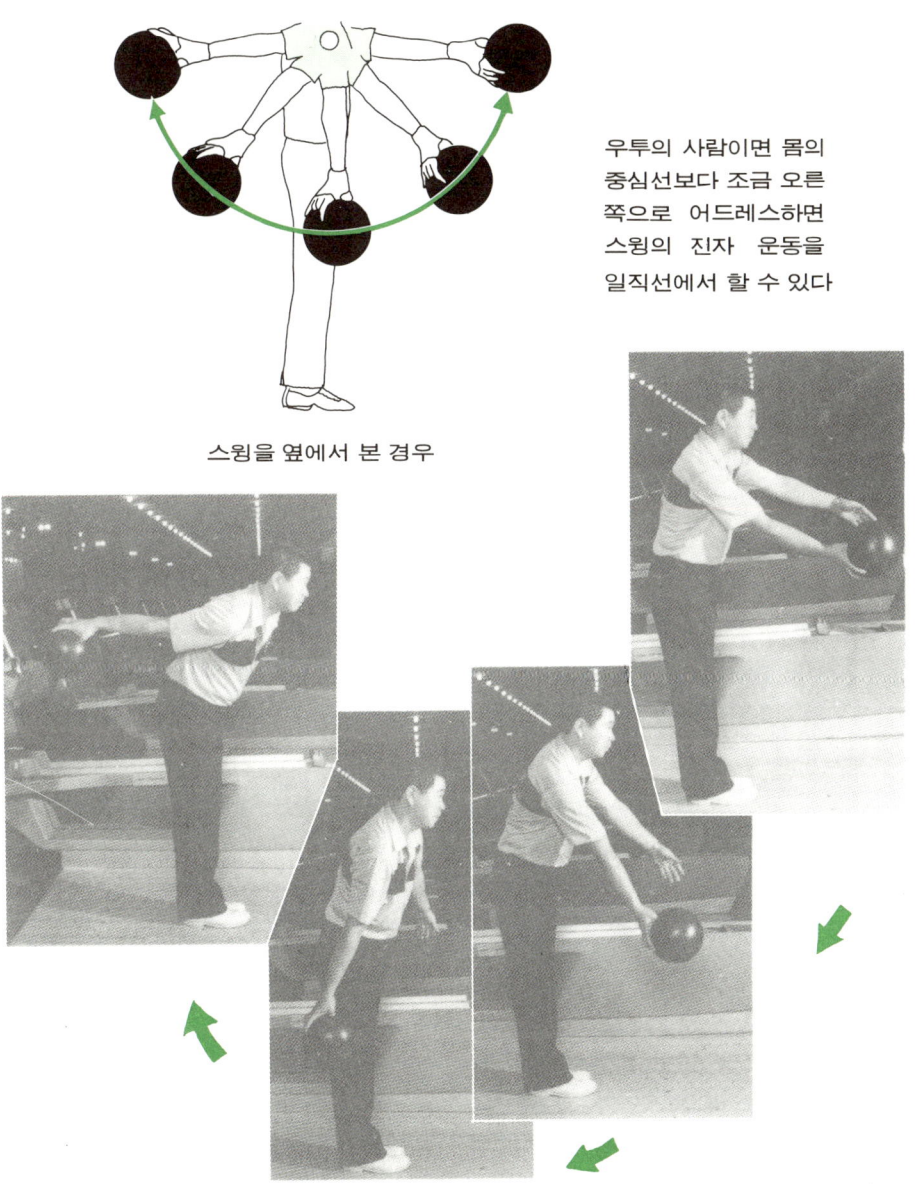

우투의 사람이면 몸의 중심선보다 조금 오른쪽으로 어드레스하면 스윙의 진자 운동을 일직선에서 할 수 있다

스윙을 옆에서 본 경우

세 걸음 도움닫기의 기본

어드레스 　　　 제1보(백 스윙) 　　　 제2보

제3보(릴리즈)   폴로 스루

● 제2장 기초편   67

네 걸음 도움닫기의 기본

어드레스　　　제1보(푸시 어웨이에서 백 스윙)　　제2보 = 백 스윙에서 톱으로

제3보(포워드 스윙)　　　제4보(릴리즈)　　　　　폴로 스루

제2장 기초편

다섯 걸음 도움닫기의 기본

어드레스   제1보   제2보   제3보

제4보   제5보(릴리즈)   폴로 스루

3. 어프로치

어프로치의 스텝은 볼의 진자 운동을 순조롭게 하여 볼이 ①③번 핀으로 돌진해 가는 코스를 만들어 내는 것이므로 "어프로치는 볼링의 생명"이라고 해도 과언은 아니다.

백 스윙으로 볼을 뒤로 들어 올렸을 때 볼은 지구의 인력이 명령하는 대로 똑바로 아크를 그리며 전방으로 내닫기를 바라고 있다.

볼러는 그 진자 운동의 방해가 되지 않도록 자연스러운 발걸음으로 조용히 스텝을 옮겨야 한다.

위세좋게 파울 라인에 돌진하여 힘껏 볼을 던지려는 남성 볼러, 볼을 껴안고 종종걸음으로 달리는 여성 볼러들 양쪽 모두 볼의 에너지가 진자 운동에 의해서 창출되어 있다는 것을 무시한 무리한 스윙이다.

볼에 힘을 가하기 위해 무리하게 당기든지, 왼쪽으로 끌어당기든지, 혹은 훅을 걸려고 손목을 주물럭거리면 모처럼의 아크가 망가져 버린다.

어프로치는 볼의 아크를 자연스럽게 만들어 내기 위한 동작이라고 생각해야 할 것이다.

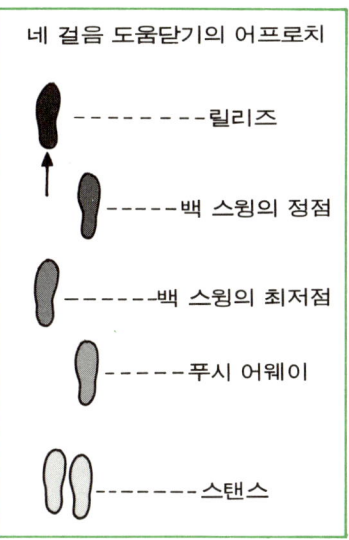

4. 푸시 어웨이

 양손으로 떠받치고 있는 볼을 진자 궤도에 올려 놓는 동작이므로 볼을 1미터 정도 앞에 있는 사람의 손에 넘기는 것처럼 극히 자연스러운 움직임이 요구된다.
 오른쪽 어깨 앞에서 볼을 던질 자세를 하고 있는 사람은 그대로 전방으로 향하고 오른손이 뻗은 곳에서 딸려 있던 왼손을 뗀다.
 몸의 중앙에서 던질 자세를 취한 경우는 볼을 밀어 내는 방향이 약간 오른쪽으로 기울게 된다.
 너무 지나치게 오른쪽으로 밀어 내면 그 반동으로 다운 스윙이 왼쪽으로 흔들려서 핀을 향한 정확한 아크를 만들 수 없게 된다.
 오른발의 내디딤은 보통 보폭의 절반 이하(20센티)로 억제하기 바란다. 내딛는다기보다 스윙의 계기를 만드는 심산으로 몸 전체를 부드럽게 전방으로 이동시키는 것이다.
 푸시 어웨이(볼을 밀어냄)는 이 오른발의 내디딤과 동시에 행해져야 한다.
 그런데 이 푸시 어웨이는 스윙 전체의 도입부이므로 여기에서 리듬을 뒤틀리게 하면 스윙 전체가 산산히 흩어져 버린다. 반대로 "좋은 감"으로 푸시 어웨이를 하면 스윙이 정리되어 기분좋은 릴리즈를 얻을 수 있게 된다.
 오른발을 작게 내딛고 볼을 전방으로 밀어 내면 이번에는 딸려 있던 왼손을 뗀다.
 여기까지가 푸시 어웨이의 기본적인 동작이다.
 정확히 진자의 분동을 손으로 들어 올린 곳이므로 스윙 중에서는 가장 드릴있는 순간이라고 말할 수 있을 것이다.
 푸시 어웨이의 높이는 어깨보다 조금 낮은 위치가 적당하다. 너무 높거나 오른팔이 너무 뻗으면 진자 운동이 흔들려 정확한 릴리즈는 바랄 수 없다.

푸시 어웨이

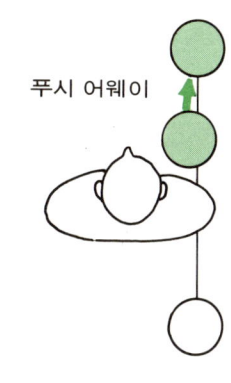

푸시 어웨이

푸시 어웨이는 진자 운동의 출발 지점.
방향성, 타이밍의 좋고 나쁨은 여기서
결정된다

푸시 어웨이

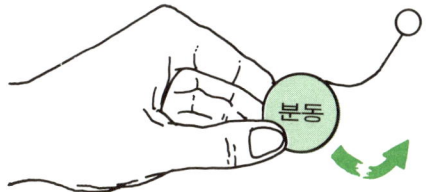

너무 높은 푸시 어웨이 불안한 아압
스윙은 진자 운동을 못 쓰게 만들어
버린다

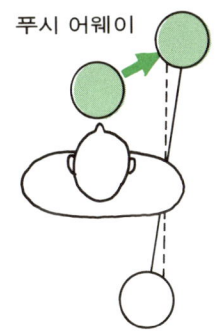

푸시 어웨이

● 제2장 기초편 75

푸시 어웨이의 제1보

푸시 어웨이에서 타이밍이 뒤틀리면 투구 동작이 완료할 때까지 그 뒤틀림은 회복할 수 없다

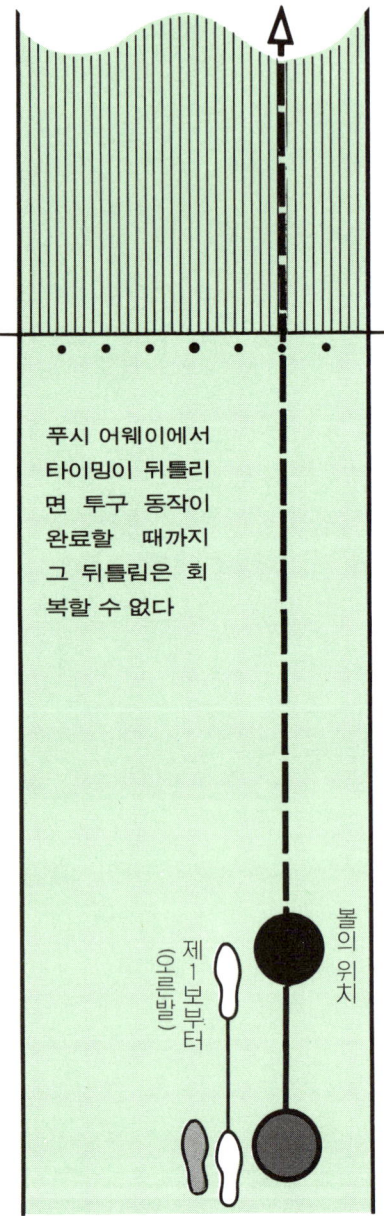

볼을 밀어 내서 스윙의 궤도에 오르게 한다

영국과 북유럽 등에서도 선풍적인 인기를 끌어왔다고 볼 수 있다.

화이트 홀의 헨리 8세와 그의 시종들 (1530년)

5. 다운 스윙

푸시 어웨이로 전방에 밀려난 볼은 딸려 있던 왼손을 놓으면 진자의 분동처럼 자연스럽게 낙하해 온다.
이것이 다운 스윙의 시작이다.
자연의 힘에 맡겨 휘두른 볼은 오른쪽 무릎 옆을 지나서 이번에는 뒤로 휘두르는 궤도에 오른다.
여기까지가 다운 스윙이다.
다운 스윙으로 내딛는 왼발은 약간 넓게 하고 스텝에 올려서 상체를 앞으로 이동시켜 주기 바란다. 체중도 오른발에서 왼발로 스무드하게 이동시킨다. 왼손은 크게 바깥 쪽에서 흔들려져서 좌우의 밸런스를 유지하고 있을 것이다.
볼을 컨트롤하려고 하지 말고 몸의 밸런스를 유지할 것과 왼발을 똑바로 힘차게 내딛는 것에 전념하기 바란다.

겨드랑이를 바싹 조이고 스윙한다

←왼손으로 몸의 밸런스를 유지하는 것처럼 한다

다운 스윙

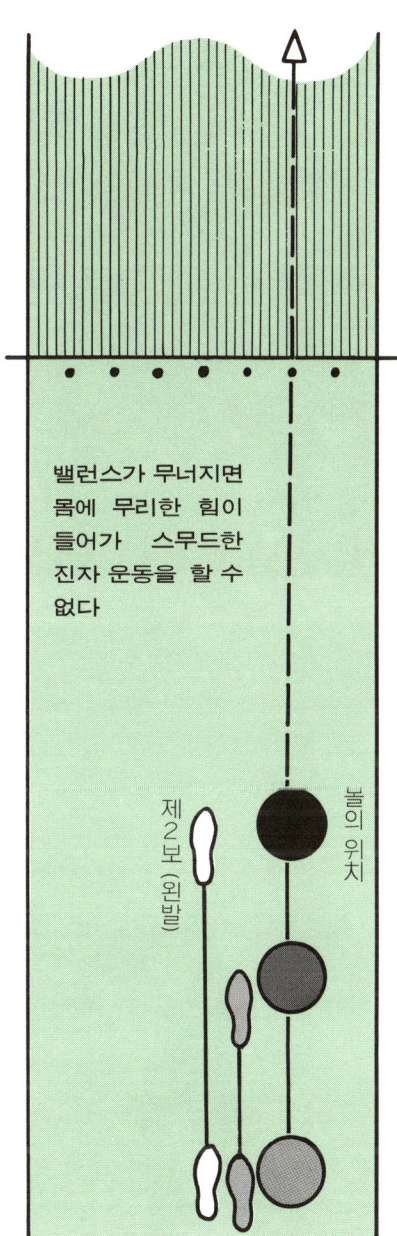

밸런스가 무너지면 몸에 무리한 힘이 들어가 스무드한 진자 운동을 할 수 없다

제2보 (왼발)

볼의 위치

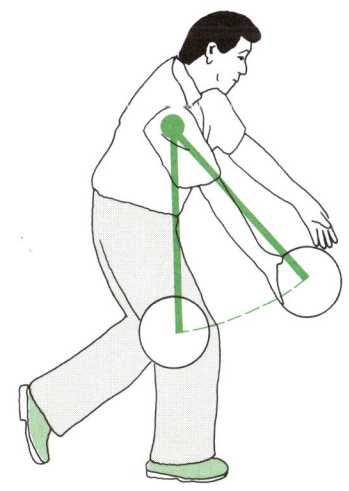

볼의 자중으로 자연스럽게 흔들어진다

● 제2장 기초편　79

6. 백 스윙과 톱 스윙

극히 자연스러운 진자 운동으로 배후에 올라간 볼은 어깨의 높이까지 달한다. 동시에 내디딘 오른발은 더욱 보폭이 넓고 스피드도 기분상으로 빠르다. 허리를 안정시키기 위해 왼쪽 무릎이 부드럽게 굽어져 상체는 앞으로 기울면서 다음 릴리즈의 순간에 대비한다.

오른발을 다 내는 것과 동시에 백 스윙은 정점을 맞이하지만 이 백 스윙을 너무 높게 잡으면 아크가 너무 길어져서 릴리즈의 타이밍이 뒤틀어져 버린다.

뒤로 쳐올린 볼이 어깨의 높이에서 정지한 순간이 톱 스윙이다.

이 톱 스윙의 일순간의 정지는 볼의 중량과 몸의 운동성이 균형을 유지하는 스윙의 고비이다.

앞으로 밀어내는 볼의 타이밍과 아크를 만드는 밸런스는 여기에서 만들어진다.

손목이 꺾어져 있는 것이 중요
↓

눈은 목표로 하는 스포트를 확실하게 본다

백 스윙

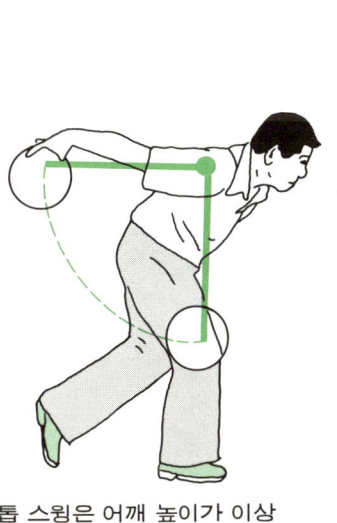

톱 스윙은 어깨 높이가 이상

볼의 위치

제3보
이 오른발은 발 뒤꿈치로부터 옮긴다

제2장 기초편 81

7. 포워드 스윙과 슬라이드

톱 스윙으로 정지된 볼이 다시 전방으로 출발한다. 왼발의 스텝을 좀 크게 잡고 무릎을 꺾어서 중심을 내려주기 바란다. 이 왼발에 스윙이나 중심을 올리면 파울 라인을 향해서 왼발이 슬라이드한다.

늦은 듯한 오른손의 출발은 왼발의 슬라이드 중에 타이밍을 맞춘다.

왼발은 발의 뒤 전체로 바닥을 미끄러 오른발을 차서 스윙에 늦춤과 당김을 붙인다.

여기에서 주의해야 할 것은 자기의 힘으로 볼을 던져 내려고 하지 않도록 한다. 진자 운동에 여분의 힘이 가해지면 아크의 궤도는 흔들릴 뿐이다.

방향을 조정하려고 하는 것도 역효과이다.

왼손으로
확실하게
밸런스를
잡는다

손목은 될 수 있는대로
똑바로…

슬라이드

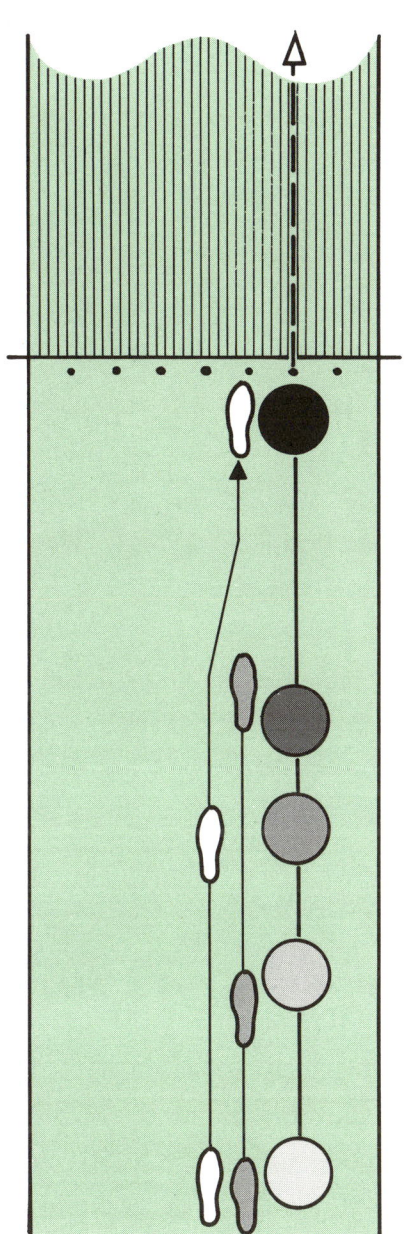

볼은 푸시 어웨이와 백 스윙의 아크로 이미 궤도가 정해져 있으므로 포워드 스윙에서는 그 궤도에 따라서 볼을 순조롭게 전방으로 출발시킬 수밖에 없다.

포워드 스윙에서는 왼발을 스무드하게 체중을 싣는 것과 왼발의 내딛는 타이밍을 잘 잡는 것에 집중해 주기 바란다.

사진과 같이 내디딘 왼발에 체중을 싣고 인스텝 풍으로 슬라이드하여 몸의 밸런스를 잡는다. 왼손을 옆으로 뻗는 것은 밸런스를 잡는 하나의 방법이다.

늦어진듯한 손을 슬라이드로 수정한다

포워드 스윙에서 릴리즈까지

릴리즈에 이르기까지의 오른발을 차는 것과
왼발의 뒤 전체에서의 슬라이드에
주의하는 것이 포인트이다.

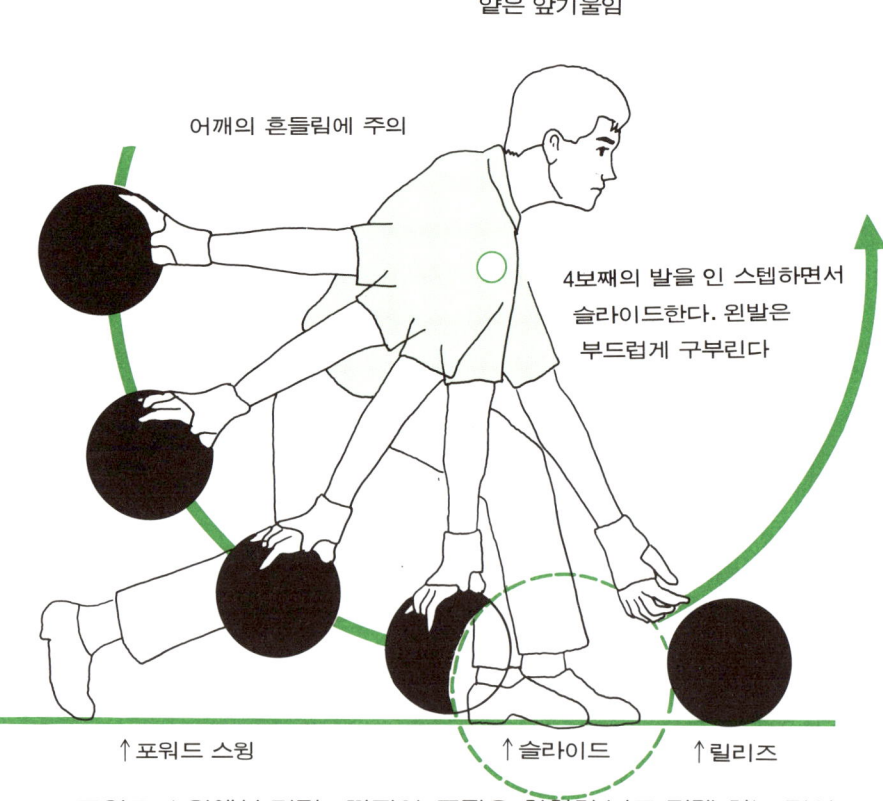

포워드 스윙에서 릴리즈까지의 동작은 천천히 낮고 길게 하는 것이 이상적이다.

미국에서 정착된 볼링은 과연 인도어 스포츠의 왕이라고 할 만하다.

1901년에 시카고에서 행해졌던 최초의 ABC 토너먼트

8. 릴리즈

포워드 스윙이 오른쪽 어깨를 지점으로 한 볼의 아크를 더듬고 슬라이드시킨 왼발의 복사뼈를 통과하면 다음은 릴리즈이다.

이것은 비행기 착륙처럼 볼을 레인 위에 부드럽게 올려 놓아야 한다.

엄지 손가락은 11시 방향을 가리키고 중지와 약지는 볼의 뒤쪽에 있다. 따라서 릴리즈 때 손가락이 빠지는 순서는 엄지 손가락이 먼저이다. 두 손가락은 공중에 떠 있는 볼을 리스트한 다음 날렵하게 위로 올려서 폴로 스루한다.

볼을 릴리즈하는 순간은 왼쪽 무릎을 깊게 꺾고 앞으로 기울어진 체중을 묵직하게 떠 받쳐 주기 바란다. 오른손을 뻗어서 볼을 떨어뜨리는 위치는 파울 라인의 5~15센티이다. 엄지 손가락이 빠지면 두 손가락으로 볼을 리프트하고 그대로 핀 방향으로 뻗으면서 위로 들어올린다. 볼은 왼쪽으로 꺾이면서 핀을 히트하게 될 것이다.

왼손으로 몸 전체의 밸런스를 잡도록 한다

릴리즈

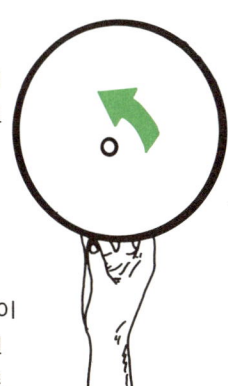

6시~3시 방향으로

엄지손가락이 먼저 빠지면 볼을 리프트

엄지 손가락의 위치는 10~11시 방향

이 순간은 몸 전체에 밸런스가 잡혀 있고 쓸데없는 동작을 하고 있는 부분은 없다

● 제2장 기초편　89

9. 훅 볼을 던지자

- 볼 운동의 메커니즘

  볼은 레인 위를 미끄러지는가. 그렇지 않으면 구르는가.

평면을 진행하는 공의 회전은 일반적으로 무회전, 순회전, 역회전, 훅 회전의 4가지이다.

역회전 속에는 진행 방향과 무관한 회전이라는 뜻에서 횡회전을 넣을 수 있다. 이 횡회전도 순회전에 가까운 경사 회전에서 진행 방향과 직각의 방향 또는 진횡 회전 등 여러 가지이다.

볼의 회전은 정말 복잡하다.

무회전의 스키드(옆 미끄럼)에서 갑자기 순회전으로 변하든지, 횡회전하면서 스키드하든지, 혹은 횡회전과 훅 회전이 함께 되는 등 여러 가지 상태이다.

볼링의 볼 회전의 변화는 대략 다음과 같다.

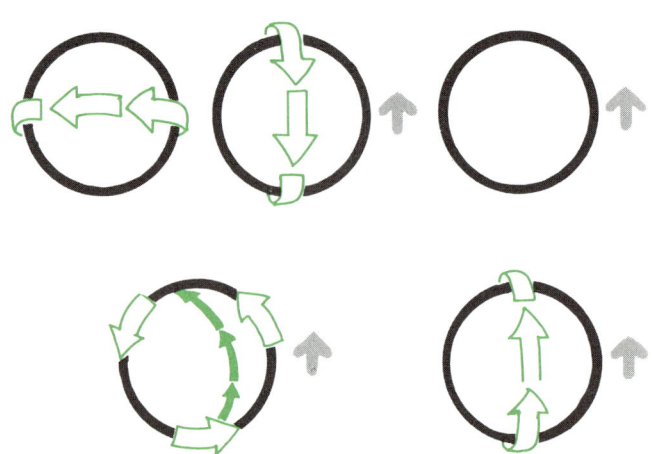

볼을 대강 바로 위에서 본 것   진행하는 방향은 ⬆   회전은 ⇧

• 훅 볼의 경우　　　　• 스트레이트 볼의 경우

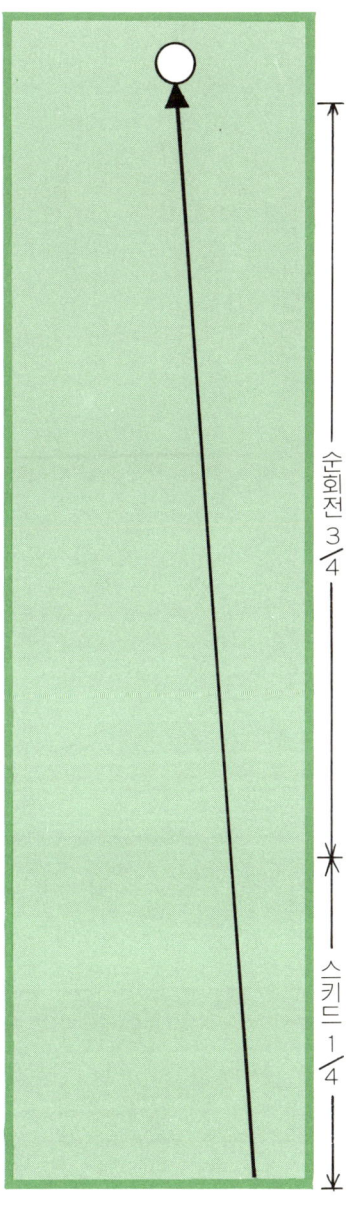

볼을 릴리즈한 순간 볼의 핀을 향해서 가려고 하는 힘은 상당한 것이다. 볼이 레인의 4분의 1(4.5미터) 정도 미끄러져 가는 (슬라이드) 것은 그 때문이다(순회전하면서 슬라이드).

스트레이트의 경우는 그 뒤 순회전으로 옮겨지고 핀을 히트할 때까지 그 순회전이 지속된다.

그러나 릴리즈의 순간, 두 손가락(중지와 약지)으로 리프트된 훅 볼에는 복잡한 스핀(순회전+횡회전+훅 회전)이 걸려 있으므로 레인의 나머지 3분의 1(약 6미터)의 곳에서 그 스핀이 위력을 발휘하기 시작하게 된다.

훅 볼이 핀의 바로 앞에서 파고드는 것처럼 왼쪽으로 꺾어지는 것이 그것이다.

처음 스키드하여 진행하던 볼의 전진 세가 작아지면 다음에 나타나는 것은 순회전의 에너지이다.

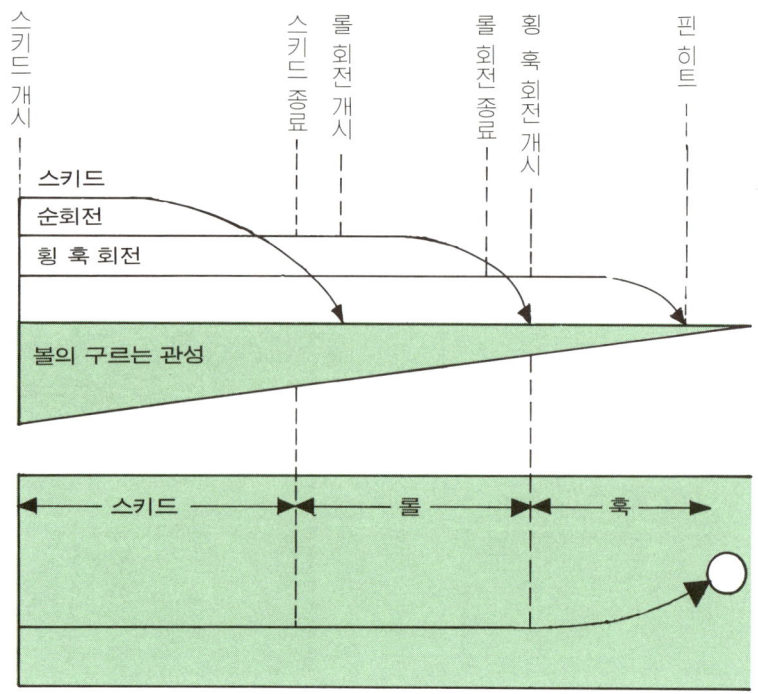

그러나 순회전의 에너지도 레인의 12분의 5(7.5미터)를 굴러간 것만으로 볼의 관성 속에 흡수되어 없어지고 다음에는 마침내 새로운 회전이 시작한다.

볼이 스키드하고 있을 때의 순회전, 횡회전, 혹 회전은 그 위력을 발휘할 수 없다.

여하튼 볼이 공전하고 있으므로 이것은 글자 그대로 "공전(空轉)"이 된다.

그러나 슬라이드가 멈추면 마침내 볼의 회전이 레인 위의 궤도에 영향을 갖기 시작한다.

그런데 볼은 똑바로 전방으로 진행하고 있으므로 순회전의 에너지는 곧 볼의 관성에 소화되어 사라져 버린다.

그러면 그 시점에서는 볼에 남아 있는 회전은 횡회전과 혹 회전(세미롤러)뿐이라고 할 수 있다.

볼은 릴리즈된 다음 레인의 3분의 2(약 12미터)정도 진행한다. 따라서 볼의 세력은 상당히 약해졌을 것이다.

세력이 약해진 볼에 세미 롤의 회전력이 반영되면 볼은 왼쪽으로 구부러져 ①③번 핀을 향해서 돌진을 시작한다.

더구나 핀을 튕기게 해서 날리는 혹 회전의 파괴력은 숨긴 상태에서 말이다.

혹 볼이 스트라이크를 잡기 위한 절호의 공이라고 지적되는 것은 ①③번 핀을 노리는 파워풀 히트의 앵글이 넓다는 것에 덧붙쳐 핀을 히트하는 혹 회전이 효과적인 핀 액션을 만들어 내기 때문이다.

그런데 볼이 레인 위를 진행할 때 볼과 레인의 접점, 또는 접선이 어떻게 되어 있는가를 조사해 보자.

자세히 조사해 보면 스트레이트 볼과 혹 볼의 차이를 분명하게 알 수 있다고 생각된다.

순회전, 횡회전 혹은 그 중간적인 경사 회전은 볼과 레인의 접점이 볼의 최대원주 위에서 만들어지기 때문에 풀 롤링이라고 불리운다.

그러나 볼의 회전이 모두가 풀 롤링이라고 한정된 것은 아니다.

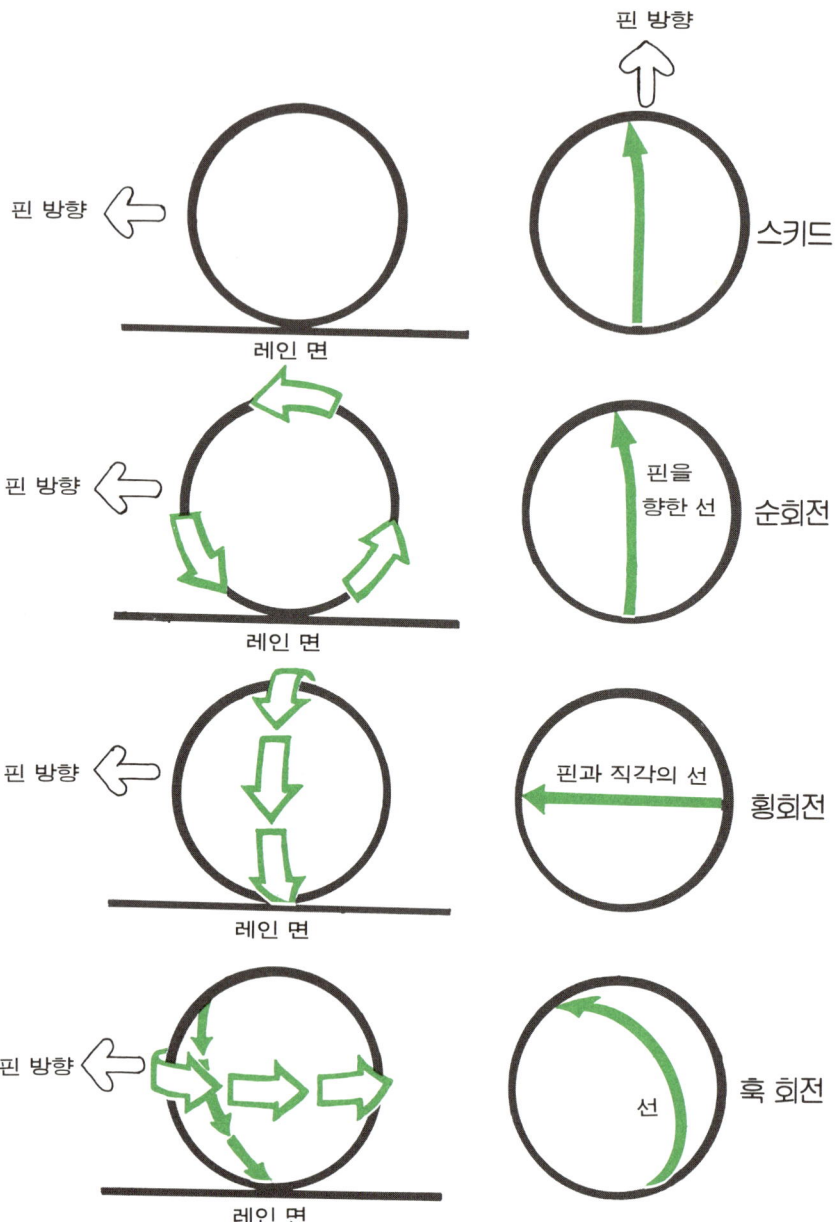

풀 롤링의 투구법

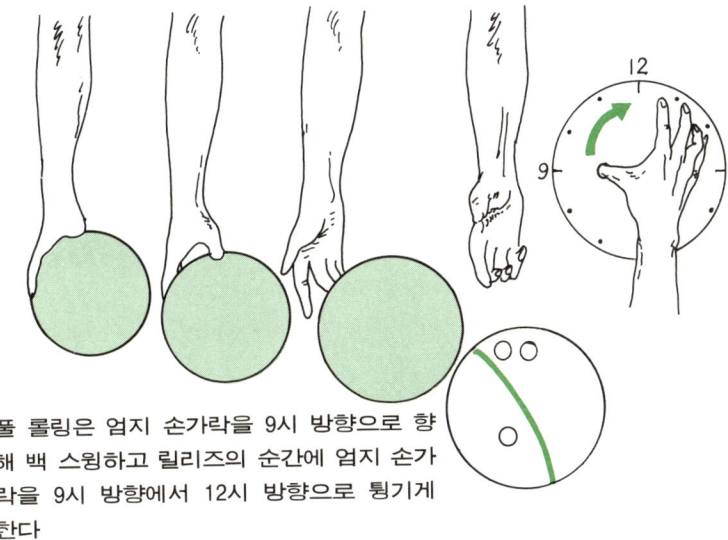

풀 롤링은 엄지 손가락을 9시 방향으로 향해 백 스윙하고 릴리즈의 순간에 엄지 손가락을 9시 방향에서 12시 방향으로 튕기게 한다

여러 가지 롤링

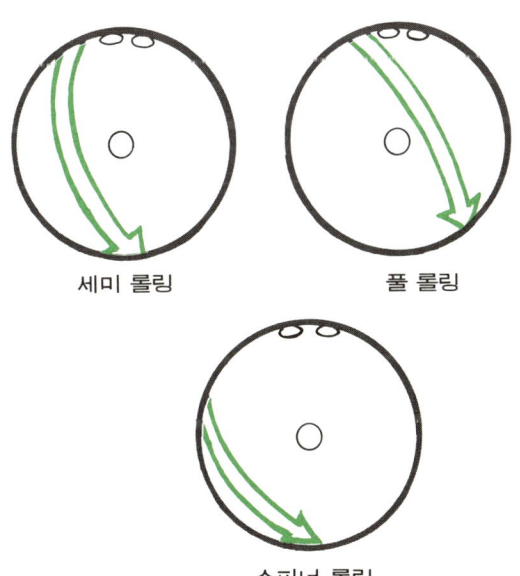

세미 롤링

풀 롤링

스피너 롤링

볼의 회전에는 순회전, 횡회전, 혹 회전이 복잡하게 서로 얽혀서 일정한 회전 궤도를 만들고 있으므로 오히려 변칙적인 회전 쪽이 많다고 말할 수 있을 것이다.

릴리즈의 항에서 "10~11시의 방향으로 향한 엄지 손가락이 빠지면 중지와 약지로 볼을 리프트한다"고 설명한 바 있다.

그런데 이러한 릴리즈는 볼에 어떤 회전을 주고 어떤 구질을 만들어 내는 것일까.

볼의 뒤쪽에 있었어도 두 손가락을 위로 향해서 리프트(들어 올린다)하는 것이므로 볼에는 당연히 순회전이 주어진다.

그러나 두 손가락은 볼의 중심보다 오른쪽(볼러의 오른쪽)에 있다. 따라서 볼에는 횡회전도 가해졌다.

이것으로 볼은 좌경사 방향의 회전을 얻었다. 이 방향이 훅 라인에서 ①③번 핀을 노리는 앵글은 말할 나위도 없다.

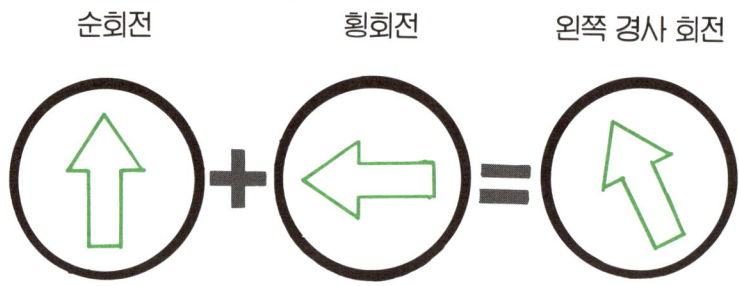

그러나 볼에 주어진 회전은 이 순회전과 횡회전만은 아니다. 시계 바늘과 반대 방향의 "훅 회전"이 주어져 있는 것이다.

좌경사로 향해 있어도 풀 롤링에 훅 회전이 가세한 결과, 최대원주로 회전하고 있던 볼은 공 원주의 작은 곳에서 돌기 시작했다.

그 이유는 앞 페이지의 일러스트를 보면 일목 요연할 것이다.

횡회전, 종회전이 공 최대원주선에서 레인과 접촉하고 있었던(풀 롤링)에 대해 훅 회전의 구체(스핀)가 레인에 닿아 있는 것은 작은 점에 지나지 않았다.

즉 풀 롤링의 볼에 훅 회전을 준다는 것은 레인과 볼의 접촉 궤도를 끝없이 작게(점에 가깝게 한다) 한다는 것이기도 하다.

극히 자연스럽게 볼을 릴리즈해도 중지와 약지를 조금 리프트하는 것만으로 세미 롤링의 훌륭한 훅 볼을 던질 수 있다는 것을 깨닫게 되었을까.

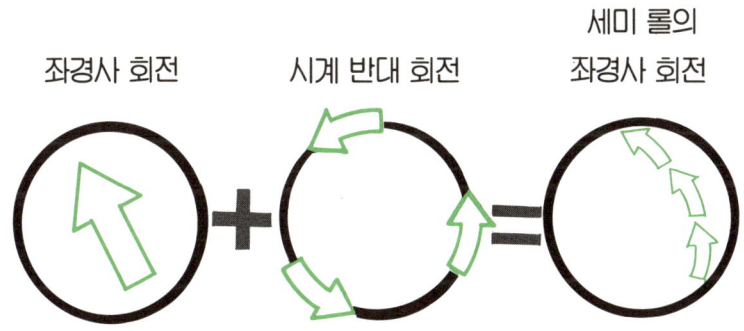

레인과의 접점을 왼쪽으로 이동시켜서 좌경사 회전

볼과 레인의 접점

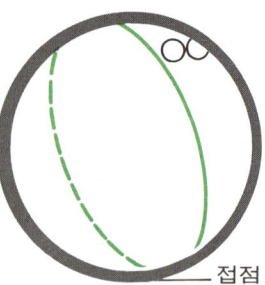

풀 롤링

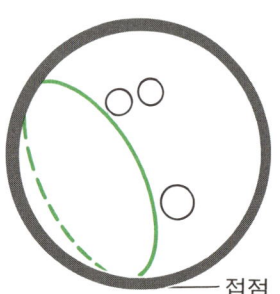

세미 롤링

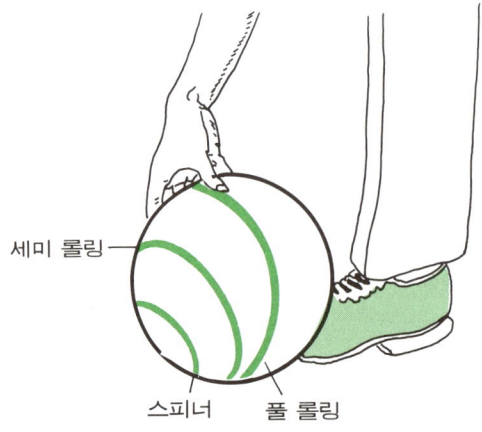

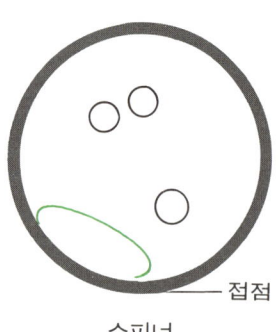

스피너

훅 볼은 어렵다고 누구든지 생각한다.

훅 볼을 던지려고 무리하게 손목을 돌린다든가 의식적으로 스핀을 가하려고 하다가 폼이나 컨트롤을 흩뜨려 버린다. 이것이 바로 훅 볼 증후군이다.

그러나 훅 볼을 던지는데 그다지 애쓸 필요는 없다.

올바른 어프로치로 내딛어 릴리즈의 순간에 중지와 약지로 볼을 리프트한다.

이것만으로 볼에 충분한 세미 롤링의 회전이 주어지는 것이다.

그것이 위력있는 훅 볼인 것은 말할 나위도 없다.

훅 볼의 릴리즈

10. 스트레이트 볼의 투구법

롤링은 볼이 구를 때에 볼에 표시된 레인과의 접촉선으로 판명한다. 그리고 이 롤링 볼이 굴러가는 코스가 구질이다.

이 구질에는 4종류가 있다.

1. 스트레이트 볼
2. 훅 볼
3. 커브 볼
4. 백 업 볼

스트레이트 볼은 핀을 향해서 똑바로 진행하는 구질이다. 이 스트레이트 볼의 좋은 점은 무엇보다도 컨트롤하기 쉬운 점일 것이다. 그러나 큰 결점이 두 가지 있다. 스트라이크 존이 좁은 것과 핀을 튕겨내는 힘이 약한 것이다. 더구나 볼의 회전이 "순(전방)"이므로 핀을 뒤로 쓰러뜨리기 쉬운 것이다.

스트라이크를 내는 데는 핀을 옆으로 튕겨내는 힘이 요구된다. 볼이 파워풀한 것은 그 때문이다.

옆에서 튕겨나온 핀이 옆에 있는 핀을 휩쓸어 가기 때문이다.

초심자는 대부분 이 스트레이트 볼을 던진다. 컨트롤을 중시하는 나머지 스트레이트 볼에 매달리게 된다.

그러나 스트레이트 볼에 익숙해져 버리면 이번에는 좀처럼 훅 볼을 던질 수 없게 된다.

실제는 엄지 손가락의 방향을 조금 왼쪽으로 대는 것만으로도 좋으나 볼에 스핀을 거는 것에 정신이 팔려서 모처럼의 폼을 무너뜨리기 때문이다.

그 결과, 컨트롤이 흩어져 "훅 볼은 어렵다"고 속단해 버리게 되는 것이다.

그런데 스트레이트 볼의 투구법이다.

릴리즈의 순간까지는 스트레이트 볼과 훅 볼도 똑같다.

어프로치로 직선적인 아크를 만들면 그 아크를 핀의 방향으로 향해 순하게 팔을 휘둘러 뻗어 주기 바란다.

엄지 손가락은 12시의 방향, 손바닥은 볼의 바로 뒤이다.

엄지 손가락이 빠지면 중지와 약지는 빠지는 대로 맡겨두고 볼을 무리하게 리프트하려고 하지 않는 것이 좋을 것이다.

볼의 아크를 핀의 방향에 맞추어 손가락을 조용히 빼내는 느낌으로 한다.

스트레이트 볼은 퍼펙트 히트의 확률이 낮아 컨트롤 미스에 의해서 스플리트가 나올 가능성도 있으므로 컨트롤만으로 작은 스트라이크 앵글을 노려야 한다.

어프로치나 릴리즈의 조그만 미스도 18.28미터 끝에서는 수십 센티 이상이 되어 버리는 것이다.

무엇보다도 정확한 폼이 중요한 것은 말할 나위가 없다.

스트레이트 볼의 핀 액션

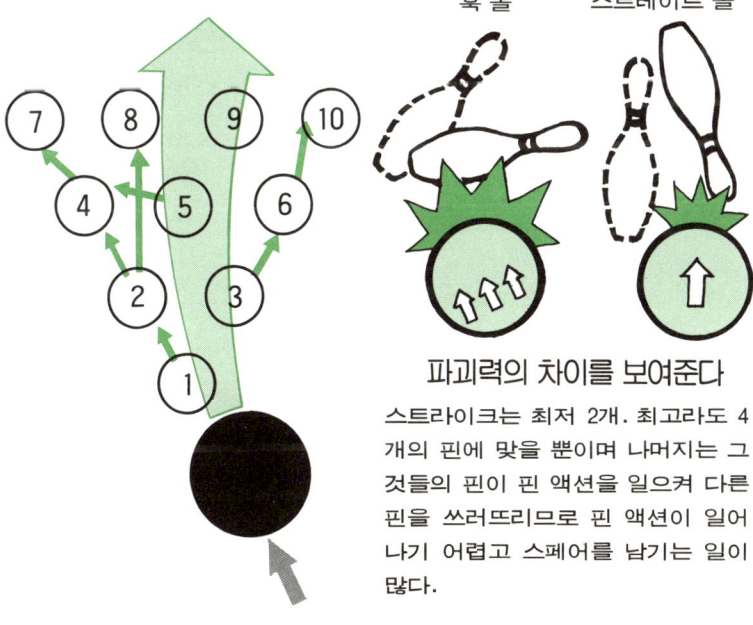

파괴력의 차이를 보여준다

스트라이크는 최저 2개. 최고라도 4개의 핀에 맞을 뿐이며 나머지는 그것들의 핀이 핀 액션을 일으켜 다른 핀을 쓰러뜨리므로 핀 액션이 일어나기 어렵고 스페어를 남기는 일이 많다.

스트레이트 볼의 투구법과 궤도

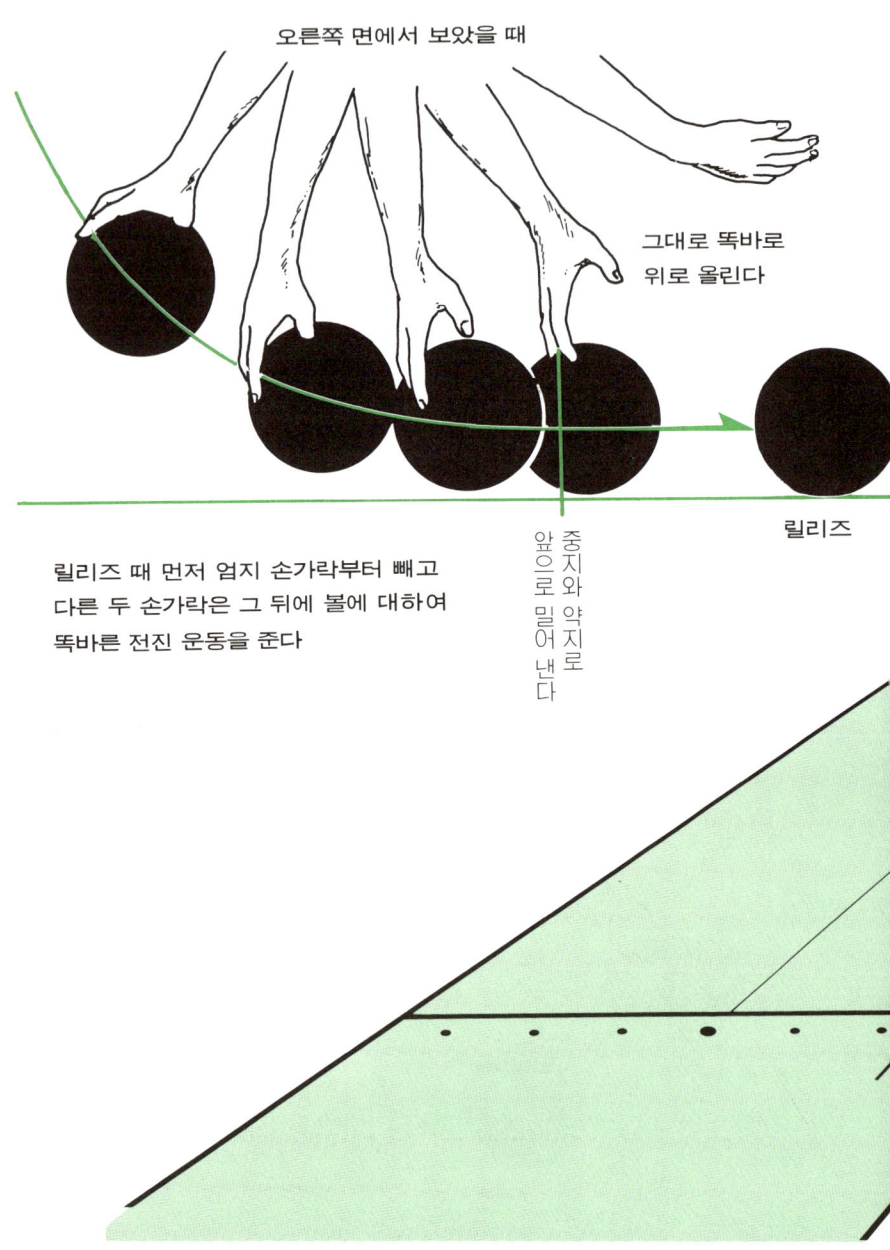

오른쪽 면에서 보았을 때

그대로 똑바로 위로 올린다

릴리즈

중지와 약지로 앞으로 밀어낸다

릴리즈 때 먼저 엄지 손가락부터 빼고 다른 두 손가락은 그 뒤에 볼에 대하여 똑바른 전진 운동을 준다

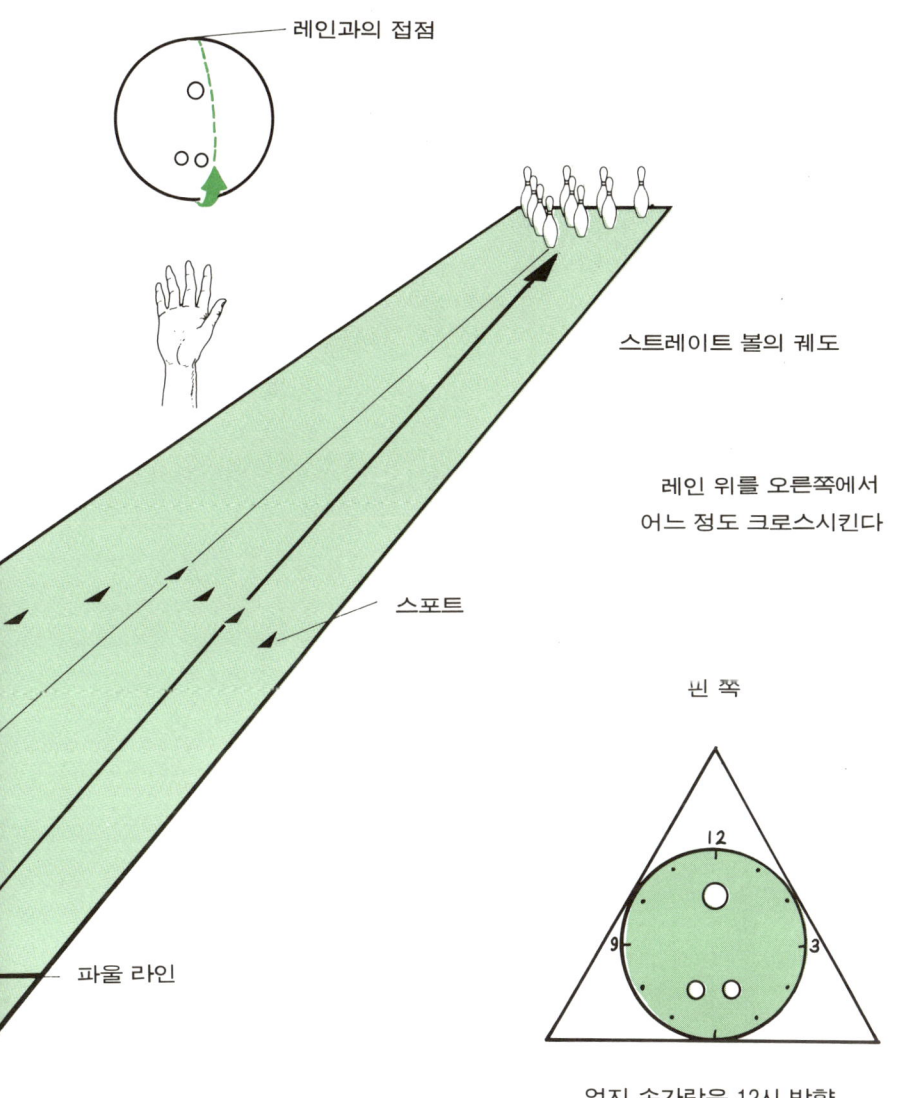

11. 훅 볼의 투구법

훅 볼의 어드레스나 어프로치는 스트레이트 볼과 조금도 다르지 않다.

다만 엄지 손가락의 방향이 약간 왼쪽(10시~12시의 방향)이므로 어드레스 때 그 이미지를 미리 만들어 둘 필요가 있다. 그리고 손가락은 볼의 오른쪽 옆에 위치한다.

릴리즈로 엄지 손가락이 빠지면 팔은 핀을 향해 똑바로, 조금 날카롭게 흔들어 빼기 바란다.

오른손의 중지, 약지가 멋지게 걸려서 볼에 자연스럽게 스핀이 걸릴 것이다.

이 리프팅의 감을 잡으면 그 감을 일정하게 유지하는 것이 훅 볼을 자기 것으로 하는 요령이라고 해도 좋을 것이다.

구부림이 작다고 해서 구부리는 것에만 정신을 팔면 컨트롤 쪽이 소홀해져서 결국 스코어가 모아지지 않는다.

작은 구부림이라도 공 방향이 일정하면 스트레이트 볼보다 훨씬 강렬한 파괴력을 얻을 수 있다.

우선 작은 훅으로 스코어를 모아서 익숙해짐에 따라 큰 훅 볼을 던지도록 유념하기 바란다.

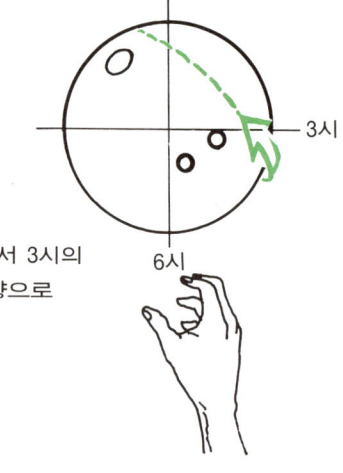

6시에서 3시의 방향으로

레인과의 접점

훅 볼의 투구법과 궤도

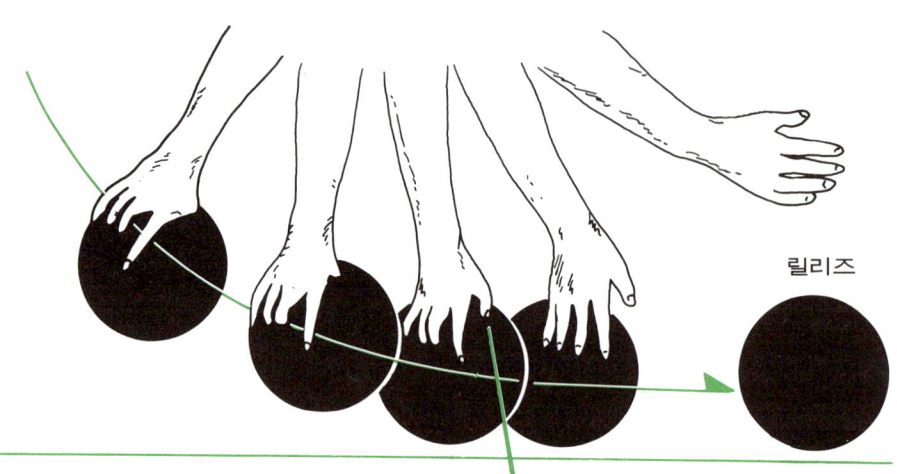

몸의 뒤에서부터 휘둘러서 전방으로 나온 볼을 중지와 약지로 걸어 올린 다음, 그 손은 악수하는 모양이 된다. 손가락 끝에 힘을 넣지 말고 중지, 약지가 평균적인 걸침으로 빼는 것이 포인트

엄지 손가락을 뺀다

릴리즈

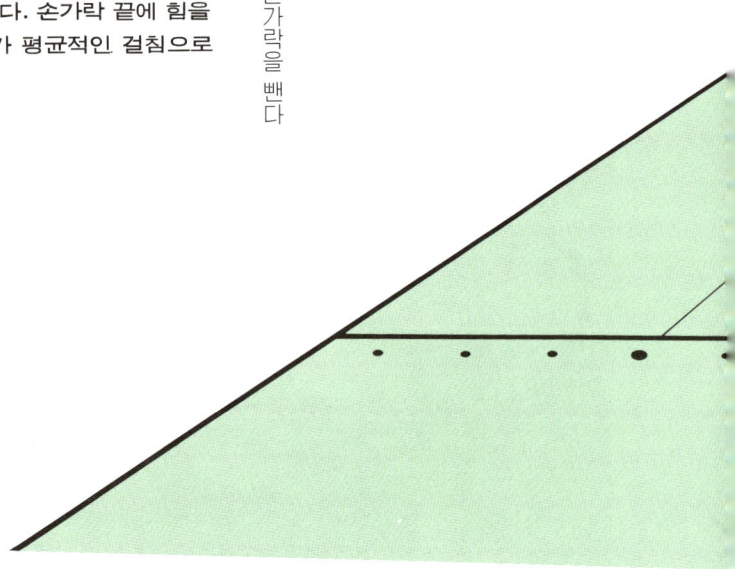

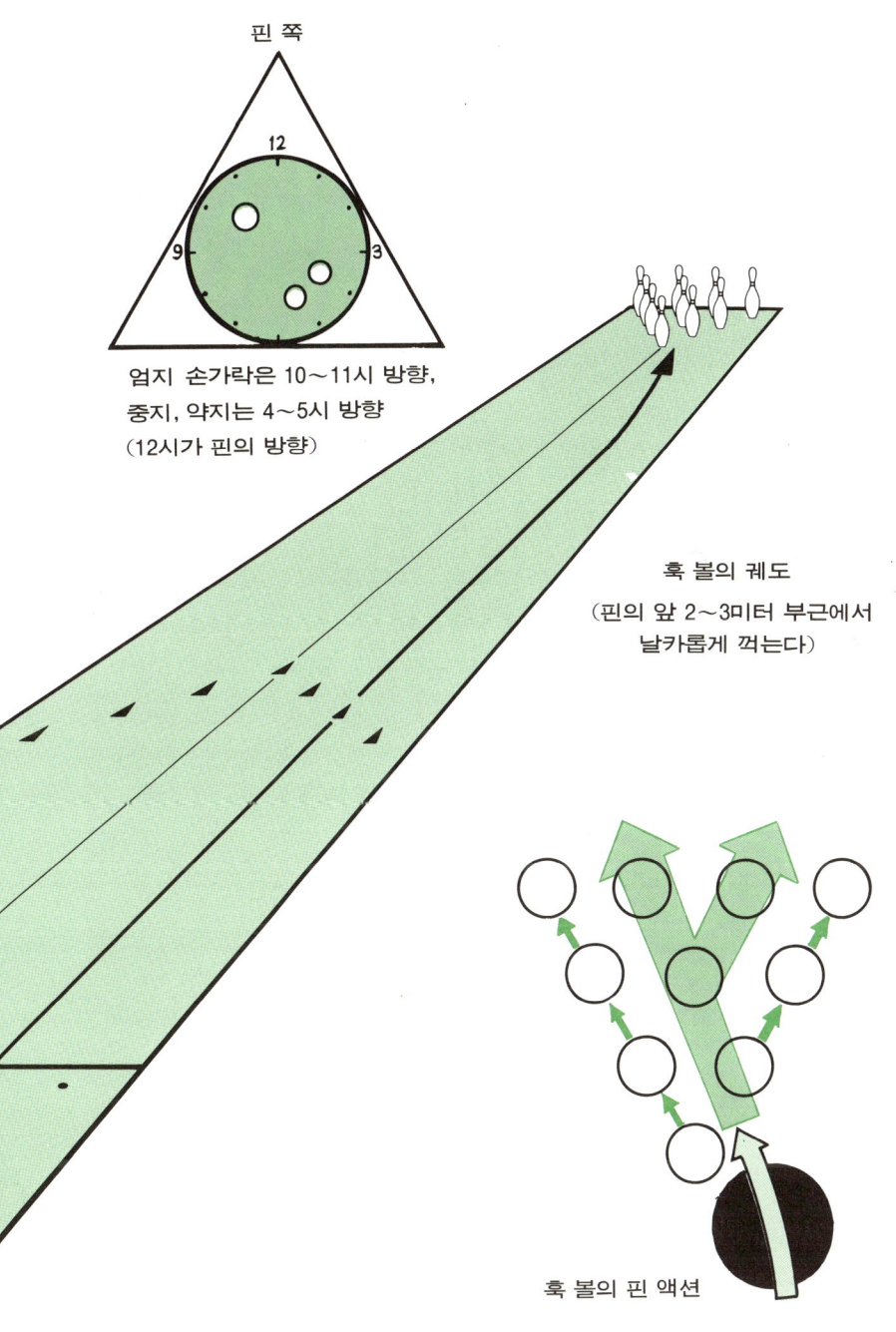

12. 커브 볼과 백 업 볼의 투구법

커브 볼은 훅 볼의 횡회전을 강화한 구종이다. 일단 바깥으로 부풀어 오른 다음 안쪽으로 파고드는 구질이므로 컨트롤뿐 아니라 볼의 스피드에도 신경을 써야 한다.

베터 레인에서는 일단 바깥 쪽으로 부풀어오른 볼이 미끄러져 안쪽으로 파고 들지 않고 헤드 핀을 떼어 버리는 경우도 드물지 않다.

또 엄지 손가락과 중지, 약지의 빠지는 시간차가 미묘하므로 손목이 구부러지는 등의 작은 실패로 뜻하지 않은 막대기공이 되어 버리는 위험성이 있다.

커브 볼을 외우는 것은 좋으나 이 구종을 실전에서 사용하는 것은 별로 현명하지 않다.

실전적이 아닌 것은 백 업 볼도 마찬가지이다.

백 업 볼은 정확히 훅 볼과 대조되는 구종으로 이 경우는 ①②번 핀을 노린다.

그러나 릴리즈 때는 손을 왼쪽(시계 진행 방향)으로 비틀은 모양이 되므로 몸 자세가 무너져 마음먹은 대로 볼을 컨트롤할 수 없다.

손을 양 겨드랑이에 붙여서 설 때 누구든지 손등을 바깥 쪽으로 한다. 훅 볼을 던질 때의 릴리즈에서 폴로 스루가 이 모양이다.

백 업 볼은 손등이 그 반대가 되므로 부자연스러움을 알게 될 것이다.

커브 볼의 투구법과 궤도

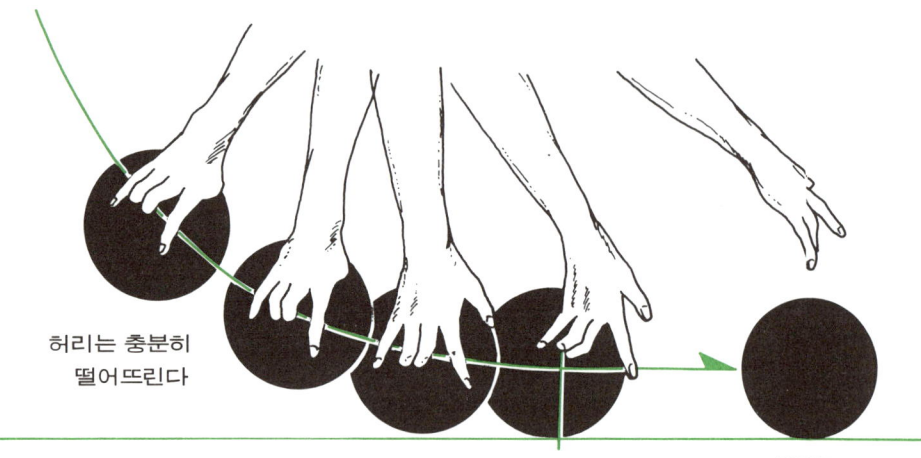

허리는 충분히 떨어뜨린다

중지와 약지를 전방에 낸다

릴리즈

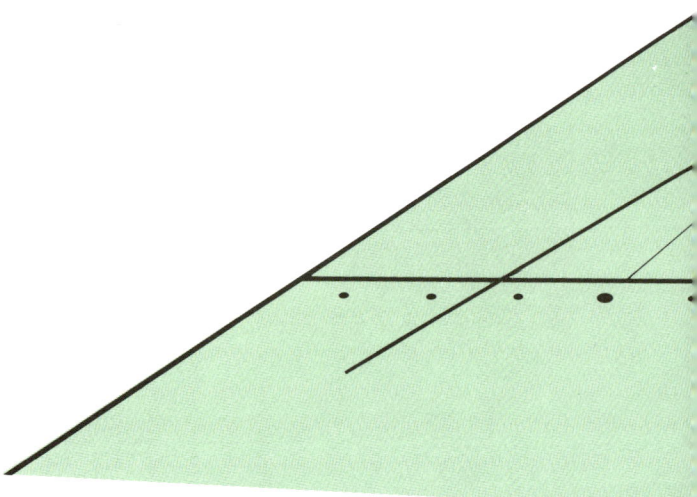

손바닥은 씌우듯이 하지만 손목을 갑자기 비틀면 실패하므로 스윙의 타성에 맡겨서 볼을 옮기듯이 한다

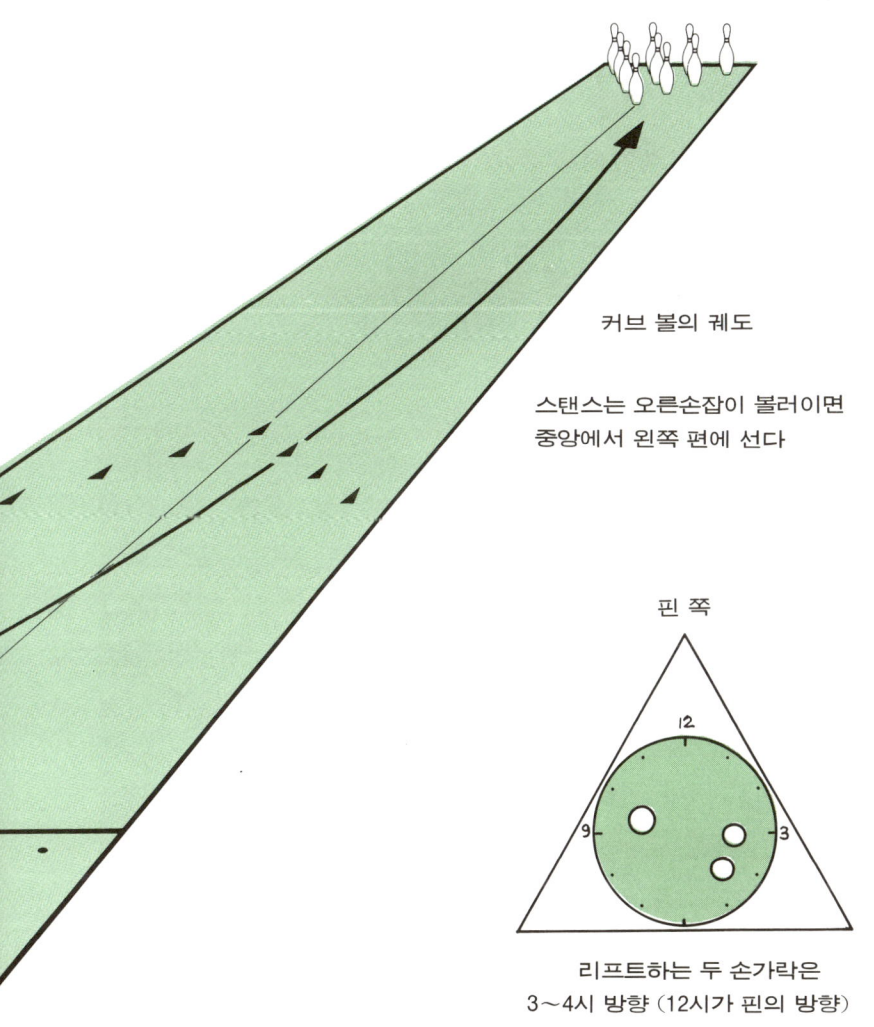

커브 볼의 궤도

스탠스는 오른손잡이 볼러이면 중앙에서 왼쪽 편에 선다

핀 쪽

리프트하는 두 손가락은
3~4시 방향 (12시가 핀의 방향)

백 업 볼의 투구법과 궤도

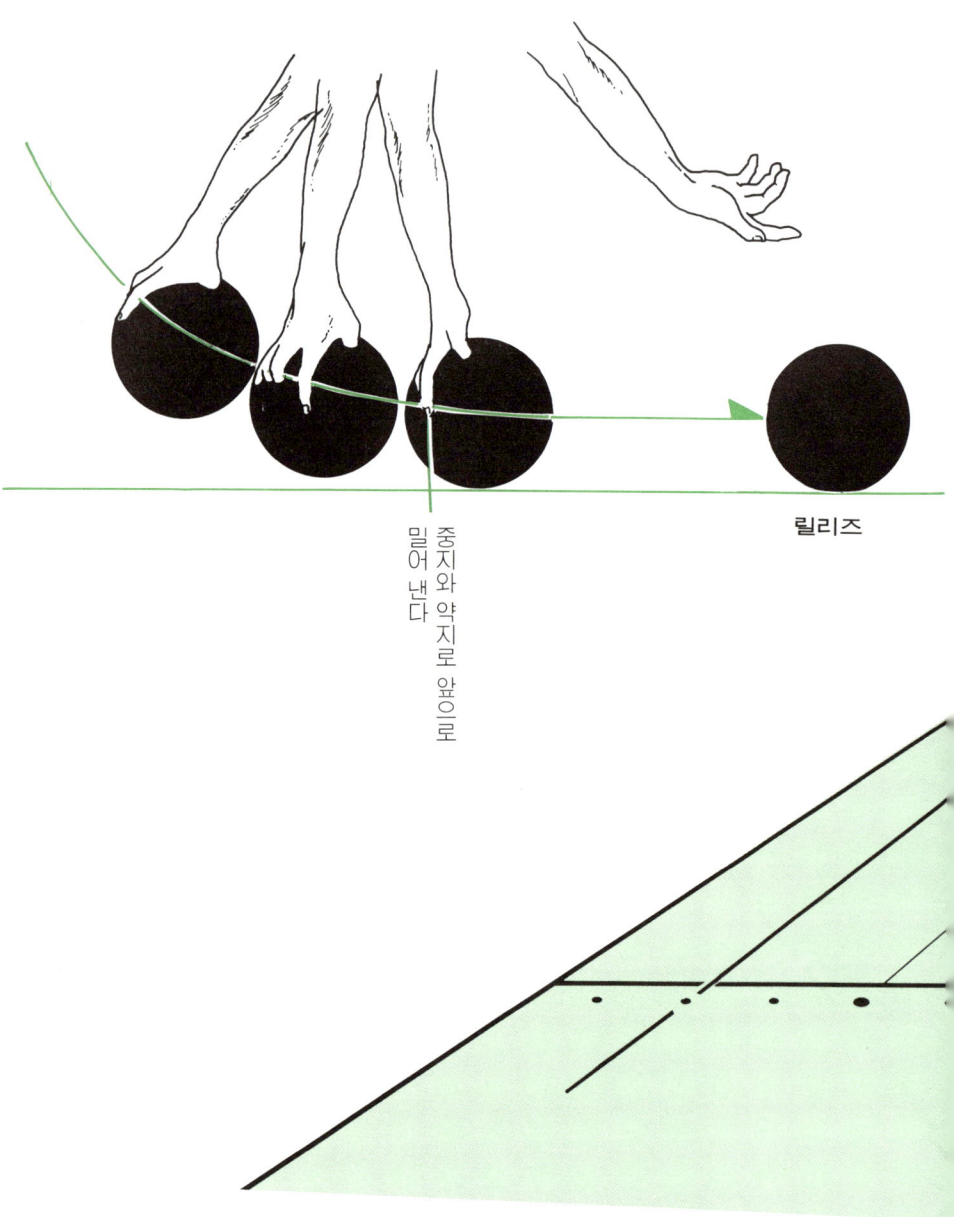

중지와 약지로 앞으로 밀어 낸다

릴리즈

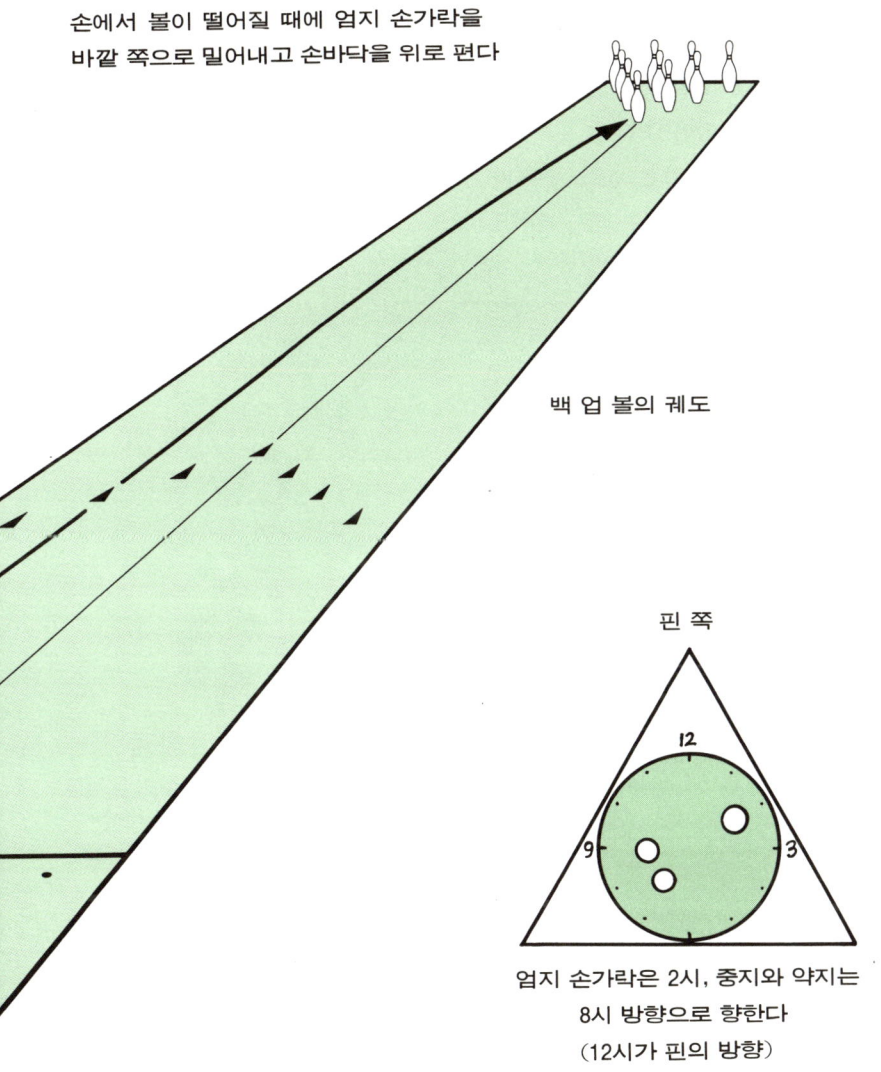

제2장 기초편 115

13. 훅 볼의 스트라이크 앵글

훅 볼은 원칙적으로 레인의 오른쪽으로 달리고 핀의 2~3미터 앞에서 왼쪽으로 구부러져 ①③번 핀의 중간으로 뛰어들어 간다.

진입 각도는 2도 30분에서 5도 30분으로 얼마 되지 않으나 이 작은 앵글이 퍼펙트 히트를 내는 데에 볼링의 묘미가 있다고 할 것이다.

퍼펙트의 비밀은 ①③번 핀의 핀 액션이다.

사실 퍼펙트 히트는 볼이 아니고 ①③번 핀 액션이 만들어 내고 있다.

①③번 핀이 다른 핀을 연쇄적으로 그리고 일순간에 튕겨내기 위해서 퍼펙트 히트는 덜렁덜렁 하는 소리가 아니고 탕 하는 소리를 낸다.

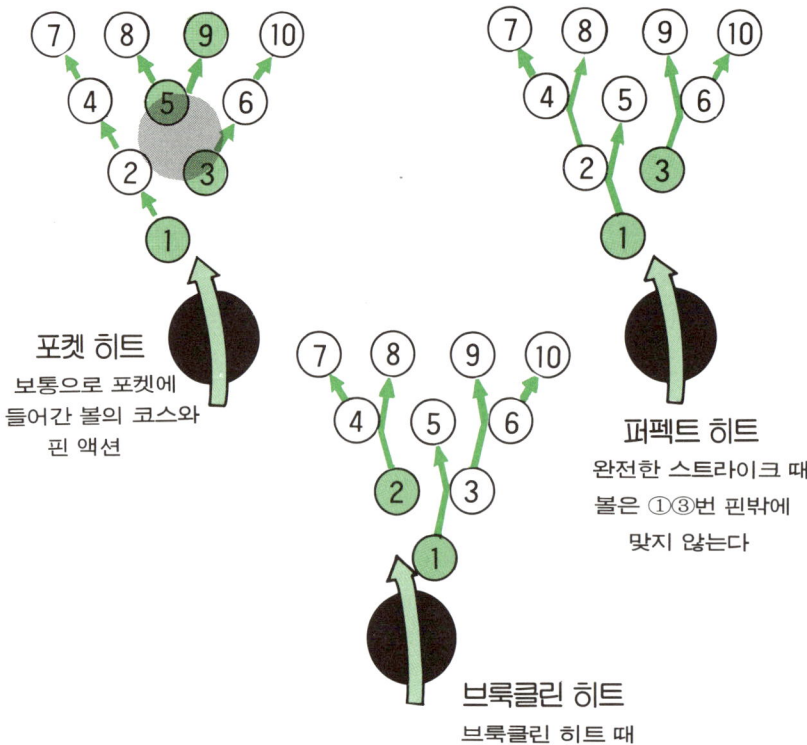

포켓 히트
보통으로 포켓에 들어간 볼의 코스와 핀 액션

퍼펙트 히트
완전한 스트라이크 때 볼은 ①③번 핀밖에 맞지 않는다

브룩클린 히트
브룩클린 히트 때

이상적인 스트라이크의 진입 각도

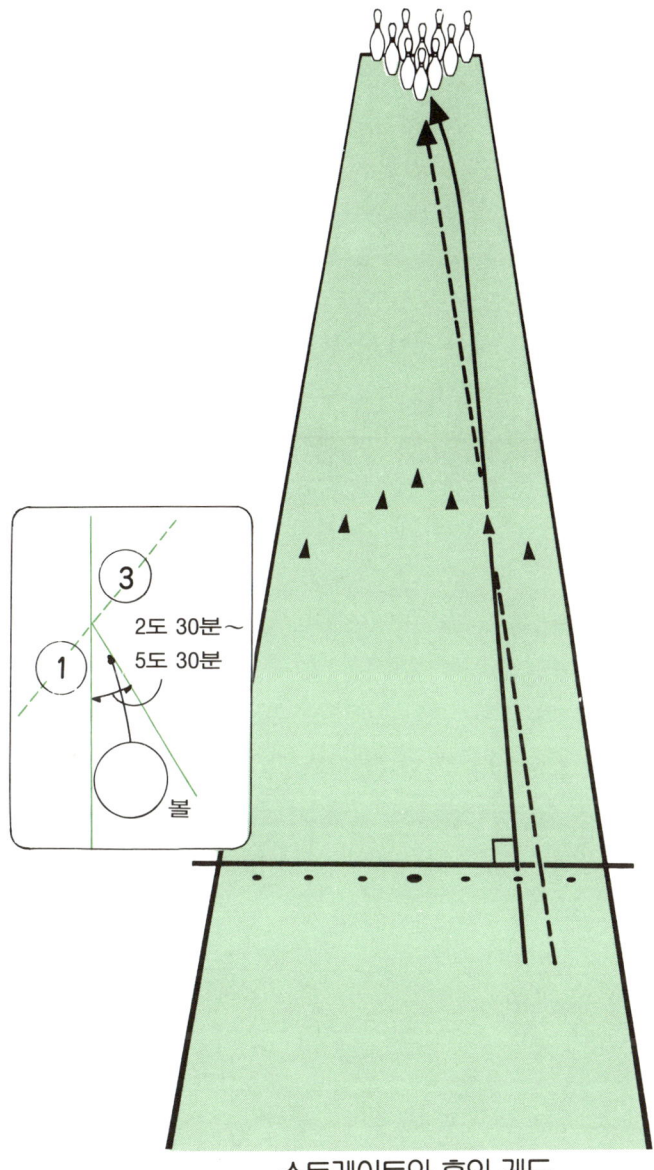

스트레이트와 훅의 궤도

훅 앵글로 ①③번 핀을 히트하면 그림과 같은 핀의 연쇄현상이 나타난다.

그러나 훅 앵글이 없으면 모처럼 ①③번 핀을 히트해도 볼은 ①번 핀에 의해 오른쪽으로 궤도를 수정당하여 ⑤번의 오른쪽 겨드랑이를 통과하여 ⑥⑨번을 쓰러뜨린 것 뿐이라는 결과가 되기 쉽다.

덧붙쳐서 ①②④⑦의 운동도 부진하다.

①번 핀이 밖으로 튕겨져 나와 ②번 핀을 확실히 쓰러뜨리지 못한 결과로 ⑦번 핀이 그대로 남게 된다.

⑤⑦⑩번의 어느 것이나 혹은 그 3개의 핀의 전부가 남아서는 모처럼의 컨트롤도 쓸모없는 것이 되었다고 말할 수밖에 없다.

특히 많은 것은 텐 핀 톱이라고 말하는 남는 모양이다.

볼이 ③번 핀을 정면에서 때리기 때문에 ③번 핀이 바로 뒤로 튕겨서 ⑥번 핀을 핀 액션으로 말려들지 못하게 한다. ③번 핀에 얇게 맞은 것뿐인 ⑥번 핀은 땅 하고 쓰러져서 거터에 떨어져 버린다.

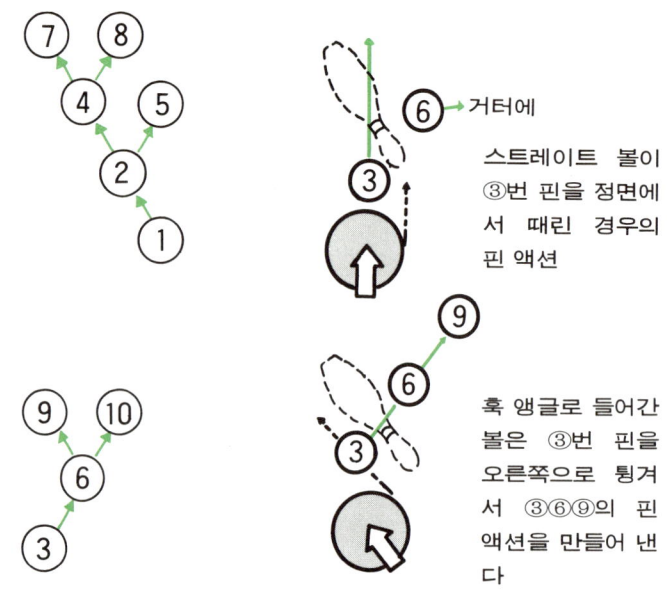

핀은 볼에 두껍게 맞으면 볼의 방향으로 튕기고 얇게 맞으면 옆 방향으로 튕겨 나가는 성질을 가지고 있다.

훅 볼이 ①③번 핀에 맞는 각도는 ⑥⑩번, ②④⑦번의 핀 액션을 이상적인 모양으로 만들어 내기 위한 것이었음을 이해했을 것이다.

그런데 훅 볼의 또 하나의 장점은 스트라이크 존이 넓은 점을 들 수 있다. ①③번 핀 사이가 열려 있으므로 2개의 핀을 동시에 히트시키기 쉬울 뿐 아니라 다소의 어라운스(허용범위)도 허용되는 것이다.

그 위에 훅 볼의 스핀은 핀을 옆으로 털어 내므로 그만큼 핀 액션이 다이내믹하게 되는 것은 말할 나위가 없다.

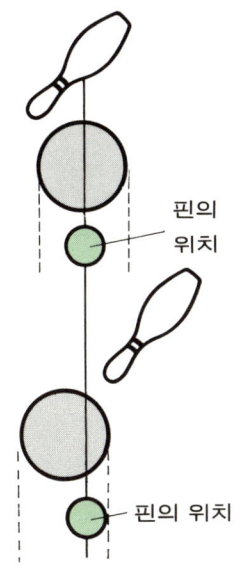

핀의 위치

핀의 위치

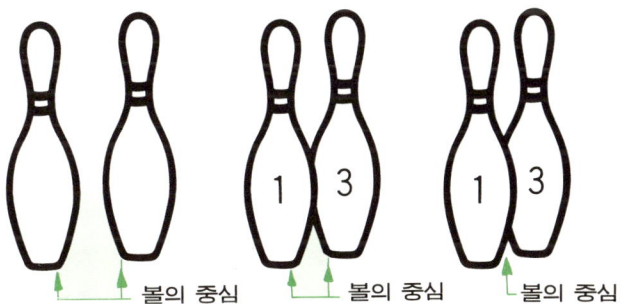

볼의 중심   볼의 중심   볼의 중심

훅 볼로 레인 오른쪽 사이드를 겨냥한 앵글

스트레이트 볼로 레인 오른쪽 사이드를 겨냥한 앵글

스트레이트 볼로 정면에서 겨냥한 앵글

여기서는 스포트 볼링을 권장하면서
스페어를 확실히 잡는 법과
스플리트를 클리어하는 방법을
정확한 도해와 함께 수록하여
배우는데 전혀 어려움이 없도록
이해를 돕고 있다.

제3장 기술편
하이 애버리지를 노리자

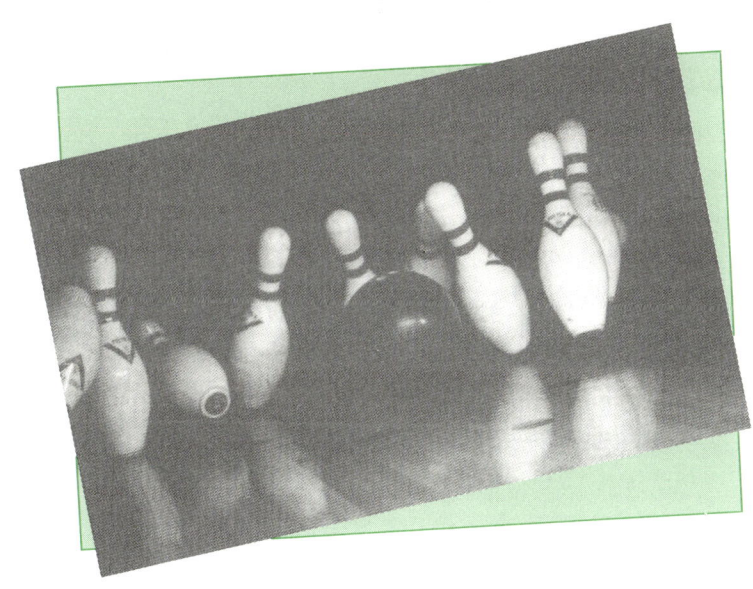

1. 스포트 볼링의 권장

핀을 노리는 데는 핀을 표적으로 설정하는 투구법(핀 볼링)과 스포트를 표준으로 하는 스포트 볼링이 있다.

프로 볼러는 "⑥⑩번 핀이 남았다"라고 듣기만 해도 릴리즈하는 포인트에서 볼을 달리게 하는 판자 이음매(39장×25.87밀리)까지를 순식간에 마음 속에 그릴 수 있다.

즉, 자기의 이미지 속에 레인이 그대로 기억되어 있는 것이다.

보지 않아도 핀의 위치를 알 수 있기 때문에 프로 볼러 중에는 핀 볼링을 하는 사람이 없다.

이것은 피처가 홈 베이스를 보지 않고도 스트라이크 존을 알 수 있는 것과 같은 이치일 것이다.

그런데 스포트를 무시하는 프로 볼러는 없다.

릴리즈의 포인트와 스포트는 볼러에게는 나침반이라고 할 수 있는 것으로 이것이 없다면 도저히 하이 스코어는 바랄 수 없다.

스포트가 헤드 업되지 않고 목표를 노릴 수 있는 "지침" 이상으로 전술상 중요한 역할을 하고 있기 때문이다.

이것은 어저스팅이라고 부르는 기술이다.

레인 컨디션에 따라서 자기의 구근이 포켓에 들어가지 않을 경우, 구근을 변경시켜 포켓 히트를 노려야만 한다.

그때 표준이 되는 것이 스포트이다.

"2번 스포트를 통하여 던지면 ①번 핀을 다이렉트로 히트하여 ③번 핀을 남겨 버린다."

이런 구부림이 큰 레인에서는 가장 오른쪽에 있는 1번 스포트(때로는 오른쪽에서 3번 스포트를 크로스로 노리는 경우도 있다)를 통하여 투구해야 할 것이다.

볼은 평소때보다도 바깥 쪽의 코스를 통과하고 크게 구부러져서 포켓에 빨려 들게 될 것이다.

만약 스포트가 없었다면 어저스팅에 의해서 구근을 변경시키는 것은 거의 불가능할 것이다.

　핀을 보면서 어저스팅하면 헤드 업해 버리고 판자 이음매를 목표로 하면 그 때마다 판자 이음매를 계산하지 않으면 안 되게 된다. 이 판자 이음매를 통과하는 컨트롤은 아마에게는 어려운 기술이라고 말할 수 있다.

　양쪽 모두 도저히 할 수 없는 주문이다.

　"자기의 볼은 파울 라인의 2번째의 마크에서 2번 스포트를 지나서 포켓 히트한다."

　자기의 구근을 파악하고 빠른 레인에서는 그 안쪽, 느린 레인에서는 스포트의 바깥 쪽에 볼을 통과시키는 것이 어저스팅의 요령이다.

　스포트를 무시하게 되면 볼의 컨트롤은 거의 불가능하다고 알아둬야 한다.

　어느 스포트를 통과시키느냐 그것이 볼링의 기본전술이다.

스포트 볼링의 3가지 형

• 3/4 앵글

레인의 바깥 쪽에서 보아 2번째의 스포트(판자 이음매 10장째)를 통과시키는 앵글이다. 전형적인 훅 볼의 코스이다. 단, 레인 컨디션에 따라서 구부러지는 각도가 달라지므로 이 코스가 항상 최고라고 보증할 수는 없다. 홈 레인에서는 퍼펙트, 히트를 하는데 다른 레인에서는 ⑩번 핀이 남아 버리는 경우도 적지 않다. 틀림없이 "배반의 텐 보드"이다.

아무튼 이 3/4 앵글이 볼러에 있어서는 쾌속구 투구의 내각 높이의 스트레이트인 것은 말할 나위도 없다.

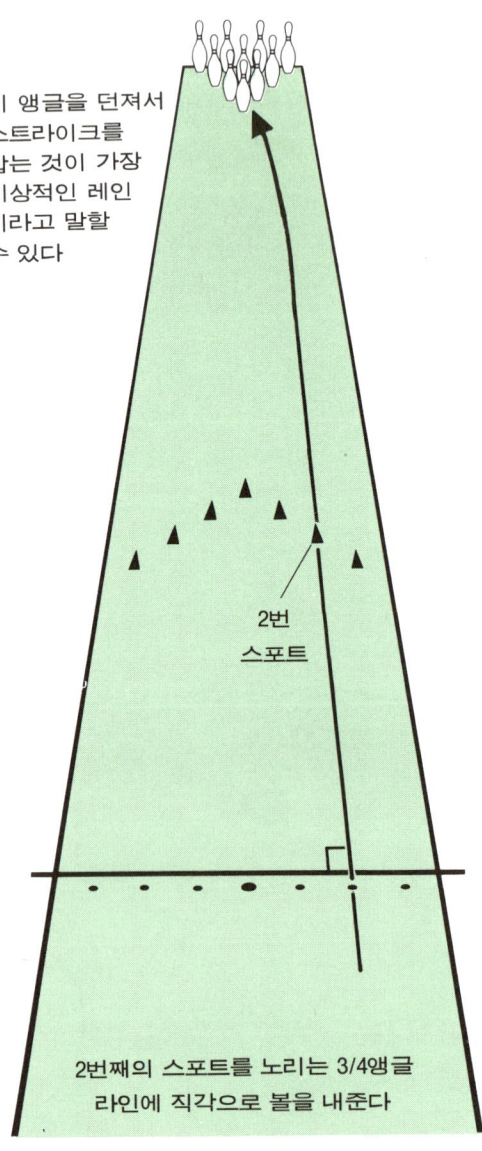

이 앵글을 던져서 스트라이크를 잡는 것이 가장 이상적인 레인이라고 말할 수 있다

2번 스포트

2번째의 스포트를 노리는 3/4앵글 라인에 직각으로 볼을 내준다

3/4 앵글

• 코너 앵글

오른쪽 끝에서 다섯 장째의 판자 이음매에 볼을 떨어뜨리므로 이것은 대단히 드릴있는 투구법이다. 그러나 커터를 필요 이상으로 겁내서는 안 된다.

스포트와 볼을 잇는 선을 오른쪽 눈만으로 보아서 실제의 목표보다도 왼쪽에 "환상"의 목표를 설정해 미스가 많아지기 쉽다.

그러나 레인의 중앙대에 오일이 칠해지고 레인의 양쪽만이 볼의 컨트롤이 듣지 않는 경우나 반대로 레인의 미끄럼이 나빠서 볼의 구부림이 너무 커질 경우는 어쩔 수 없이 1번 스포트에서 핀을 공격하지 않으면 안 된다. 오른쪽 눈과 왼쪽 눈의 착각을 수정(판자 이음매 1~2장)해놓고 1번 스포트를 노려주기 바란다.

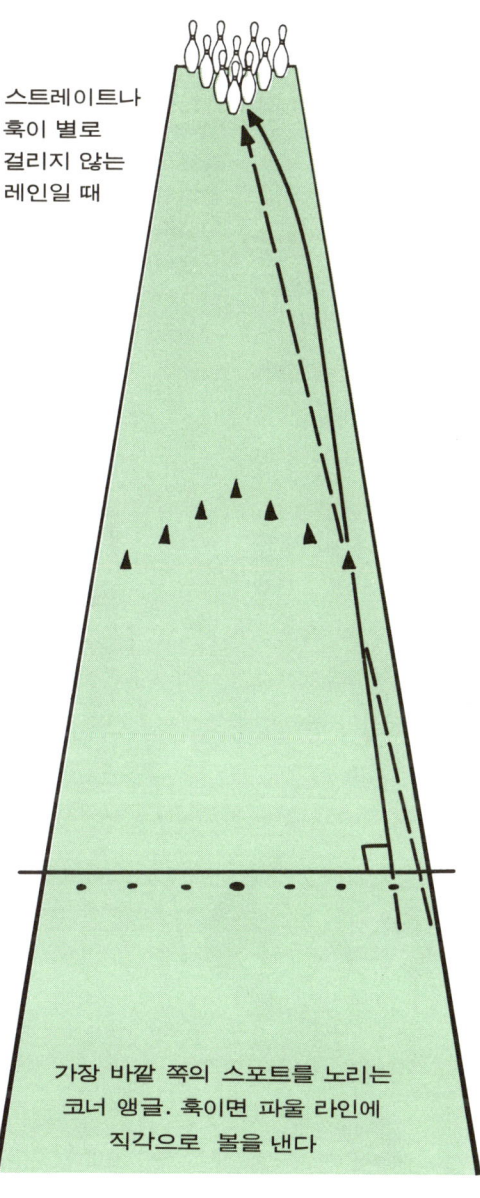

가장 바깥 쪽의 스포트를 노리는 코너 앵글. 훅이면 파울 라인에 직각으로 볼을 낸다

코너 앵글

• **인사이드 3/4 앵글**

레인의 바깥 쪽에서 3번의 스포트, 판자 이음매 열 다섯 장째를 통과하는 앵글이다.

바깥 쪽으로 조금 부풀게 하는 인사이드 아웃의 투구법이다. 저녁때부터 밤에 걸쳐서 레인 컨디셔널(오일)이 얇아지는 경향이 있다.

그런 때에 이 앵글이 효과적이다. 구부림의 크기를 밖으로 부풀게 하는 곡선으로 상쇄하는 것이다.

저녁때부터 밤에 걸쳐서 레인 컨디셔너가 얇아져 볼의 구부림이 클 때에

바깥 쪽에서 3번째의 스포트를 노리는 인사이드 3/4 앵글

인사이드 3/4 앵글

이 사고 방식을 극단으로 한 것이 센터 앵글이다. 왼쪽으로 중앙의 스포트를 통과한 볼은 크게 부풀어 날카롭게 왼쪽으로 꺾어져서 핀을 노린다.

중앙의 스포트를 노리는 센터 앵글
볼을 훅 시키지 않을 작정으로
투구한다. 몸을 스포트 쪽으로
조금 향한다

센터 앵글

2. 스페어를 확실하게 잡자

스트라이크를 아무리 많이 내도 스페어 미스가 있으면 탕 치고 만다. 스코어는 조금도 모아지지 않는다.

반대로 확실하게 스페어를 잡으면 스코어는 곧 200대의 대대에 돌입한다.

확실하게 스페어를 잡는다—— 이것은 모든 볼러의 꿈이라고 해도 과언이 아닐 것이다.

그런데 스페어를 잡는 데는 기본적인 3개의 앵글이 있다.

⑤번 핀 앵글
⑦번 핀 앵글
⑩번 핀 앵글

이 3개의 앵글은 설정한 "가공 레인"의 5번 핀 겨냥이라고 이해해 주기 바란다.

남은 핀에 겨냥을 정하는 것이 아니고 ⑤번 핀 겨냥의 구근을 가공의 레인 위를 달리게 한다는 사고 방식이다.

⑤번 핀을 잡는 구근은 ①③번의 포켓을 겨냥하는 구근과 거의 같다. 따라서 ⑤번 핀 스페어는 프레임 1투째와 같은 스포트를 통과한다.

이것이라면 무난히 스페어를 잡을 수 있다. 어쨌든 프레임 1투째와 같은 볼이므로 망설일 필요는 조금도 없는 것이다.

이것이 ⑤번 핀 앵글이다.

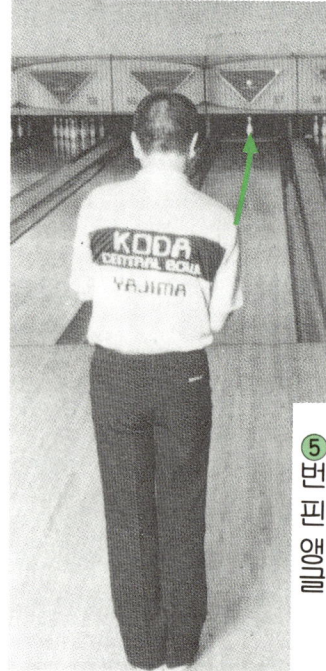

⑤번 핀 앵글

그러면 ⑦번 핀, ⑩번 핀 앵글은 어떨까. 프레임 1투째의 구근으로 처리할 수 있을까.

대답은 아니다.

그 구근을 ⑦번 핀의 경우이면 왼쪽으로, ⑩번 핀의 경우는 오른쪽으로 각각 궤도 수정하지 않으면 안 된다.

스페어 미스는 이 궤도 수정의 단계에서 발생한다. 핀을 쓰러뜨리는 구근을 레인에 잘 그릴 수가 없기 때문이다.

⑩번 핀 앵글

⑦번 핀 앵글

⑩번 핀을 노리는 방향에는 거터가 대기하고 있고 ⑦번 핀 겨냥도 구부러지는 각도 여하에 따라 거터와 노 터치, 이 두 가지 위험성이 가로놓여 있다.

그런 때 "⑤번 핀이 남았다면 마음이 편했을 것인데"라고 투덜거리고 싶을 것이다.

어쨌든 ⑤번 핀을 잡는 코스는 던지는 데 익숙해 있으므로 구근이 안정되어 있는 것이다.

그런데 얘기를 "가공 레인"으로 되돌리자.

⑦번 핀, ⑩번 핀을 ⑤번 핀으로 옮겨 놓은 가공의 레인을 만들어 보기 바란다.

⑦번 핀을 ⑤번 핀으로 옮겨 놓은 가공 레인을 만들면 이 가공 레인으로 던지는 볼은 프레임 1투째와 같은 놀이다.

스스로 만들어 낸 가공의 레인으로 던진 ⑤번 핀 겨냥의 볼은 실제의 레인에서는 ⑦번 핀, 또는 ⑩번 핀을 때려서 멋지게 스페어한다.

거터나 노 터치의 압박에서 해방된 것 이상으로 가공의 레인을 만들어 낸 것으로 자기의 구근을 정확하게 표적에 맞출 수 있게 되고 안전하게 그리고 확실하게 스페어를 잡을 수 있게 되었다.

⑦번, ⑩번 핀을 잡는 연습을 하지 않아도 그것들의 핀을 ⑤번 핀에 상정한 결과 ⑦번, ⑩번이 ⑤번을 잡는 것과 같은 정도로 편하게 되었다고 할 수 있다.

이 스페어를 잡기 위한 3개의 앵글을 외웠으면 이번에는 그 앵글을 자유 자재로 응용하기 바란다.

이 3개의 앵글로 잡지 못하는 스페어는 스플리트가 아닌 한 이 레인 위에는 하나도 없다.

스페어를 잡으려면 (1개의 경우) 볼을 핀을 중심으로 한 직경 54센티의 공간 내에 통과시키면 된다.

레인 위에 ⑤번 핀 겨냥의 구조만 찾아낼 수 있으면 스페어를 프레임 1투째의 자신있는 볼로 가볍게 클리어할 수 있을 것이다.

남은 핀이 1개의 경우는 컨트롤 미스가 좌우 16.8센티 이내이면 클리어할 수 있다.

3개의 기본 앵글과 가공 레인 그리는 법

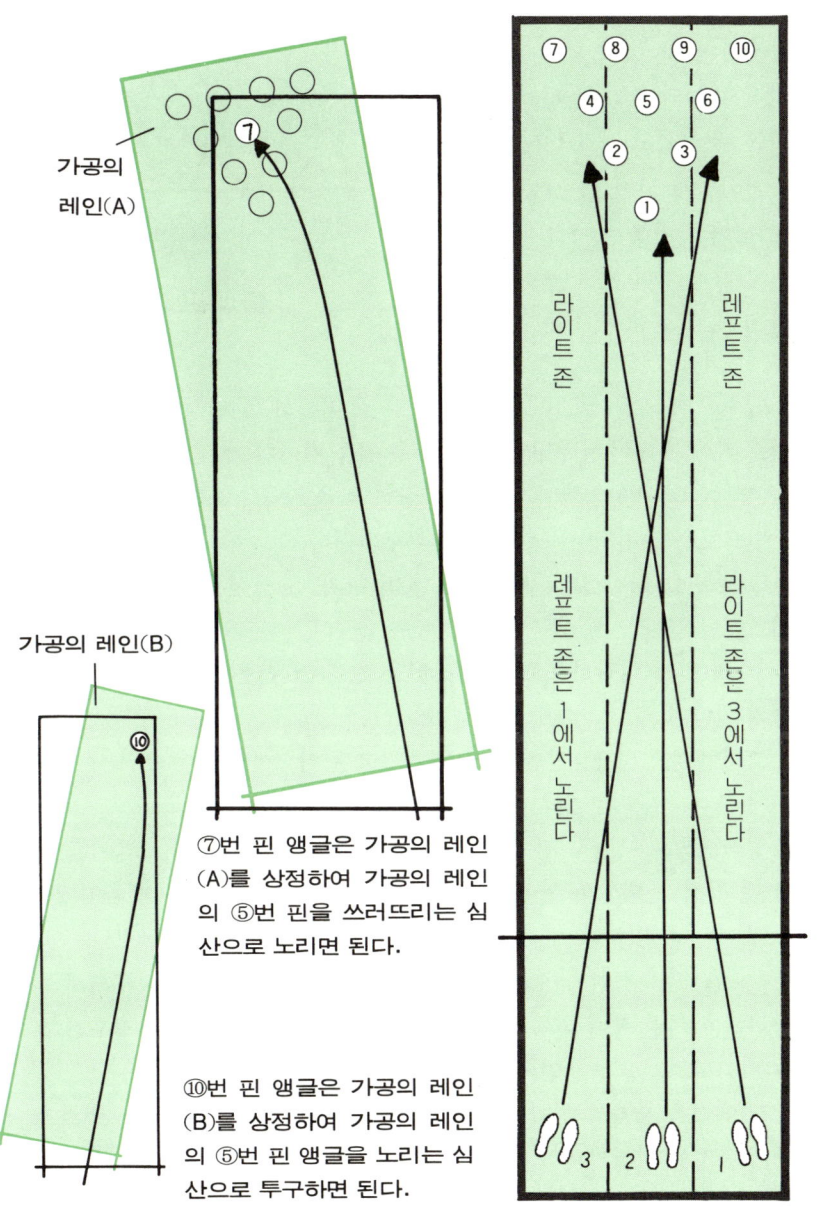

⑦번 핀 앵글은 가공의 레인 (A)를 상정하여 가공의 레인의 ⑤번 핀을 쓰러뜨리는 심산으로 노리면 된다.

⑩번 핀 앵글은 가공의 레인 (B)를 상정하여 가공의 레인의 ⑤번 핀 앵글을 노리는 심산으로 투구하면 된다.

그러나 남은 핀이 2개 이상일 경우는 최초에 맞았어도 핀의 액션으로 다른 핀을 쓰러뜨릴 가능성이 있는 동시에 볼이 그 핀에 의해서 궤도를 변경하게 되어 남은 핀을 미스해 버리는 일이 결코 적지 않다.

핀이 2개 이상 남으면 우선 키 핀(스페어의 경우는 키 핀이란 파울 라인에 가장 가까운 핀)을 찾아내서 그 키 핀에 조준을 맞추는 것이 중요하다.

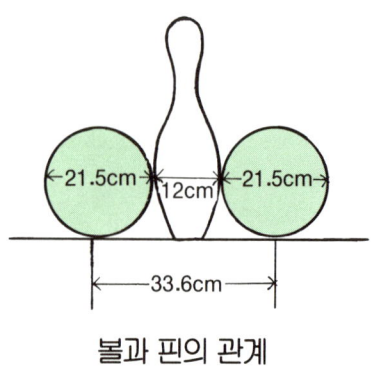

볼과 핀의 관계

⑥-⑩번, ⑥-⑨-⑩번의 키 핀은 ⑥번이다. ⑩번 핀 앵글의 투구법으로 이 스페어는 무난히 처리할 수 있을 것이다.

그런데 ③-⑥-⑩번과 핀이 나란히 있을 경우는 ⑩번 핀 앵글의 투구법으로는 ③번 핀이 노 터치로 되어 버린다.

③번 핀을 약간 얇게 겨냥하고 ⑥번 핀의 핀 액션으로 ⑩번 핀을 쓰러뜨려야 한다.

3개의 핀이 일직선으로 나란히 있을 경우 키 핀은 말할 것도 없이 선두의 핀이다.

그러나 선두의 키 핀을 쓰러뜨려도 그 뒤의 2개의 핀은 반드시 확실하게 쓰러져 주지는 않는다.

일직선으로 나란히 한 3개의 핀은 얼핏보기에 간단하게 스페어를 잡을 것 같지만 대단히 어려운 것이다. 촙이라는 함정이 있기 때문이다.

키 핀을 결정하면 두께를 가감하기보다 앵글을 중시해야 한다.

②-④-⑤번 핀을 오른쪽에서 공격하여 ②번의 오른쪽을 두껍게 겨냥하려고 하면 볼이 왼쪽으로 꺾어져 ⑤번 핀을 남겨 버리는 경우가 흔히 있다. ②번 핀을 정면에서 때리는 앵글을 사용해야 한다.

핀 액션을 생각하지 말고 키 핀을 히트하는 것을 우선시키는 것이 스페어를 잡는데 있어서의 대원칙이다.

3개 남은 핀에는 촙이라는 함정이 있다

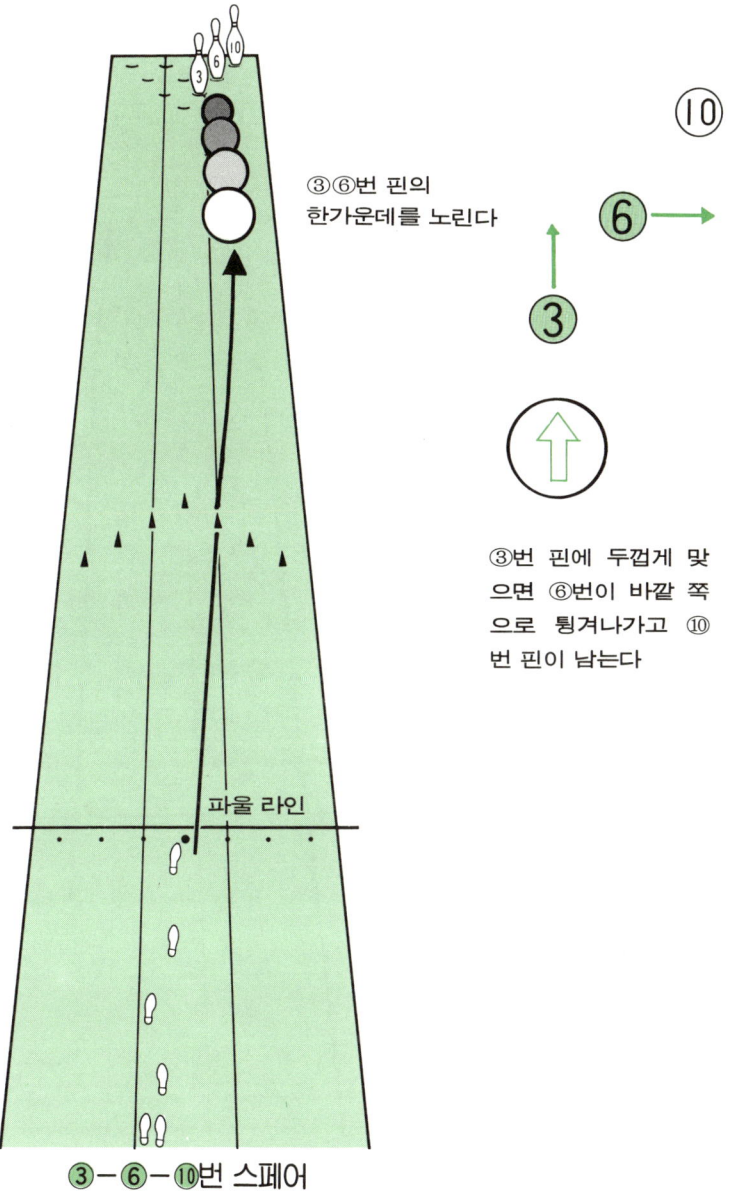

③⑥번 핀의 한가운데를 노린다

③번 핀에 두껍게 맞으면 ⑥번이 바깥 쪽으로 튕겨나가고 ⑩번 핀이 남는다

파울 라인

③-⑥-⑩번 스페어

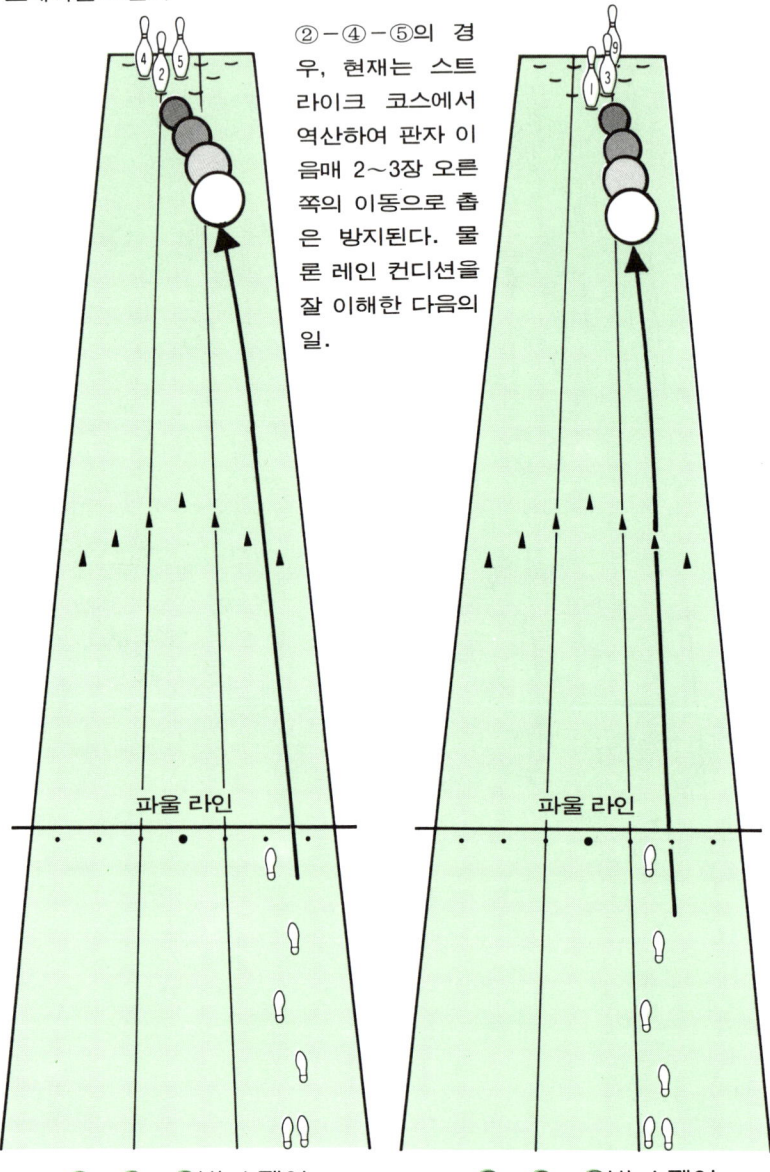

스페어를 잡는 17개의 패턴

• 라이트 존이면

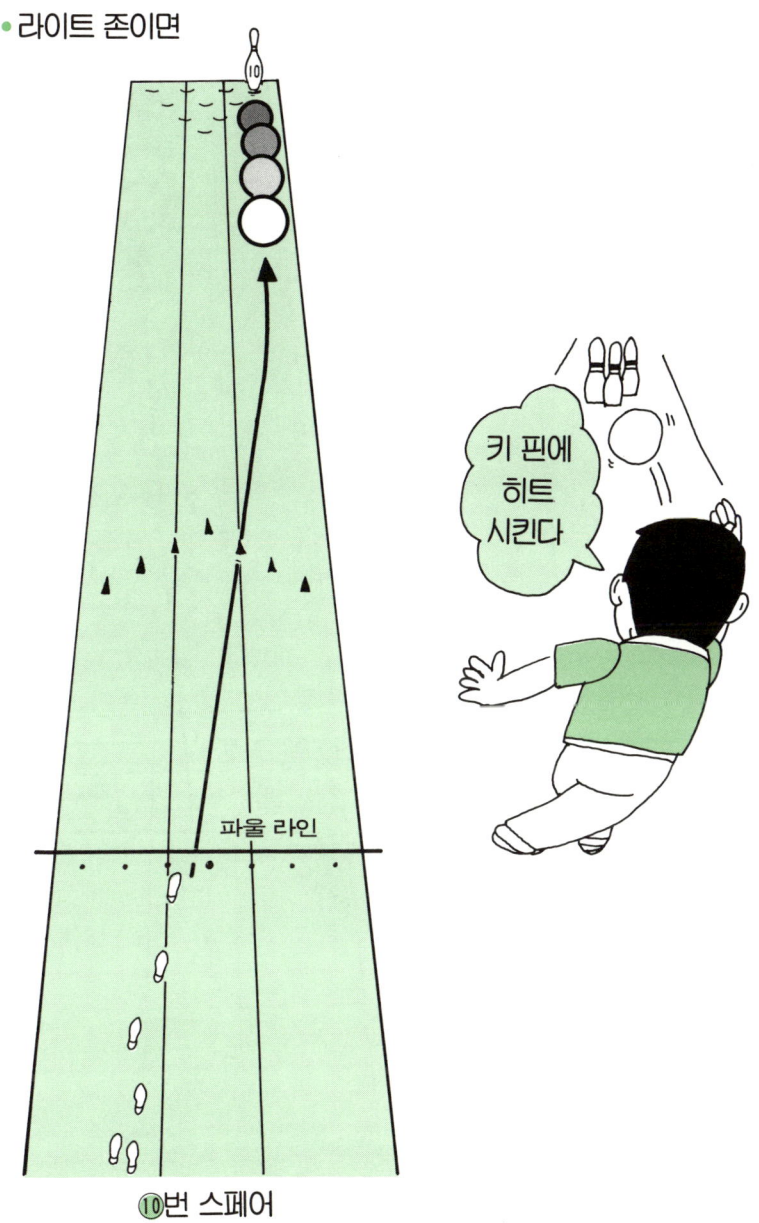

⑩번 스페어

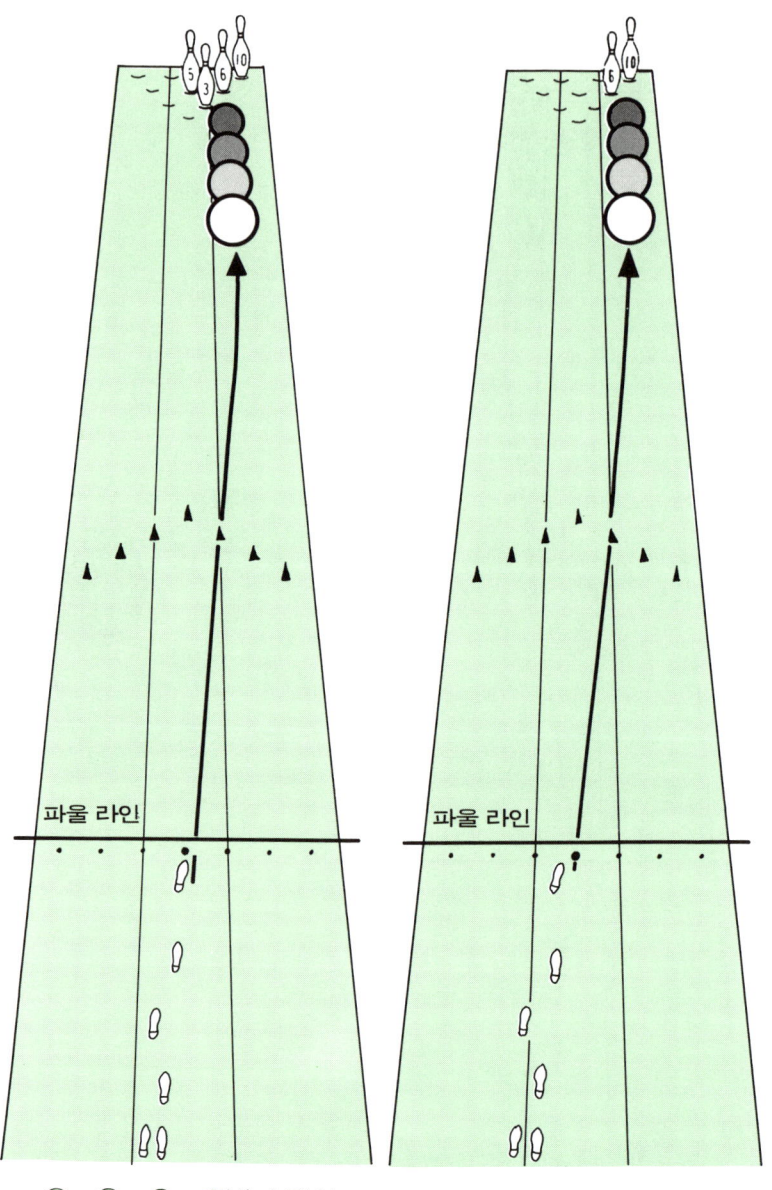

촙의 위험성이 있으므로 주의한다

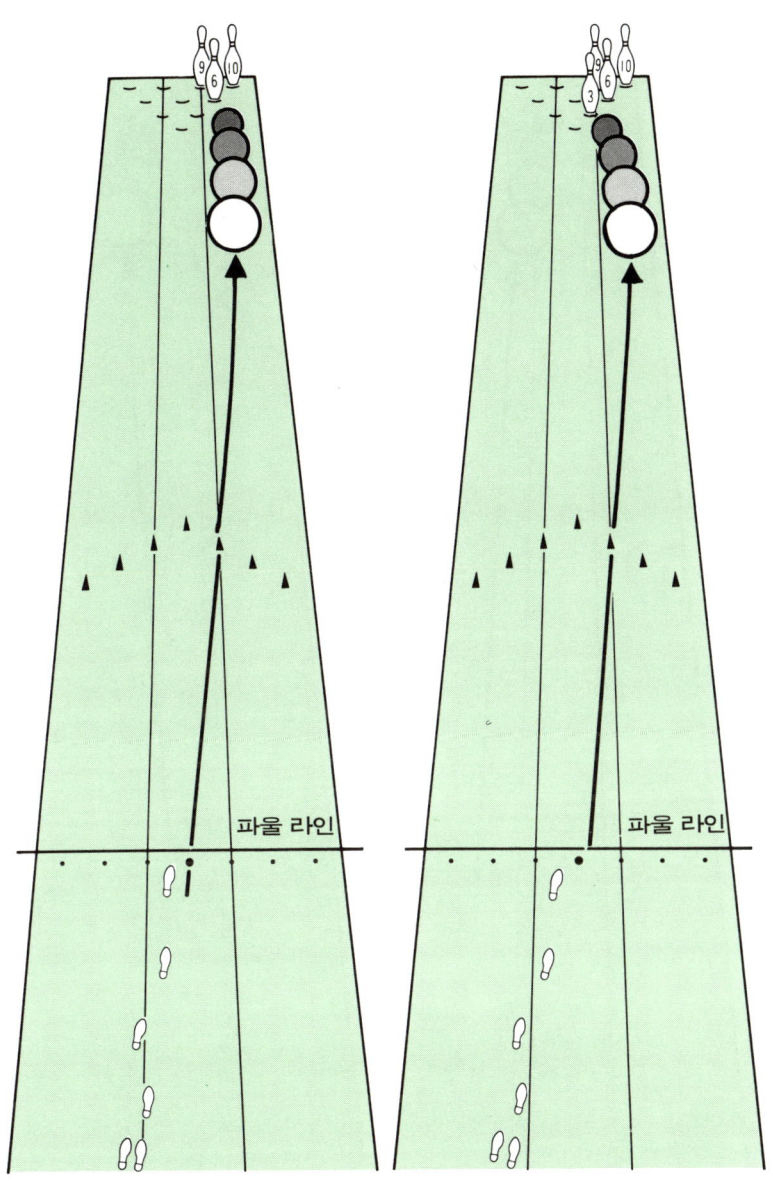

⑥-⑨-⑩번 스페어 　　　③-⑥-⑨-⑩번 스페어

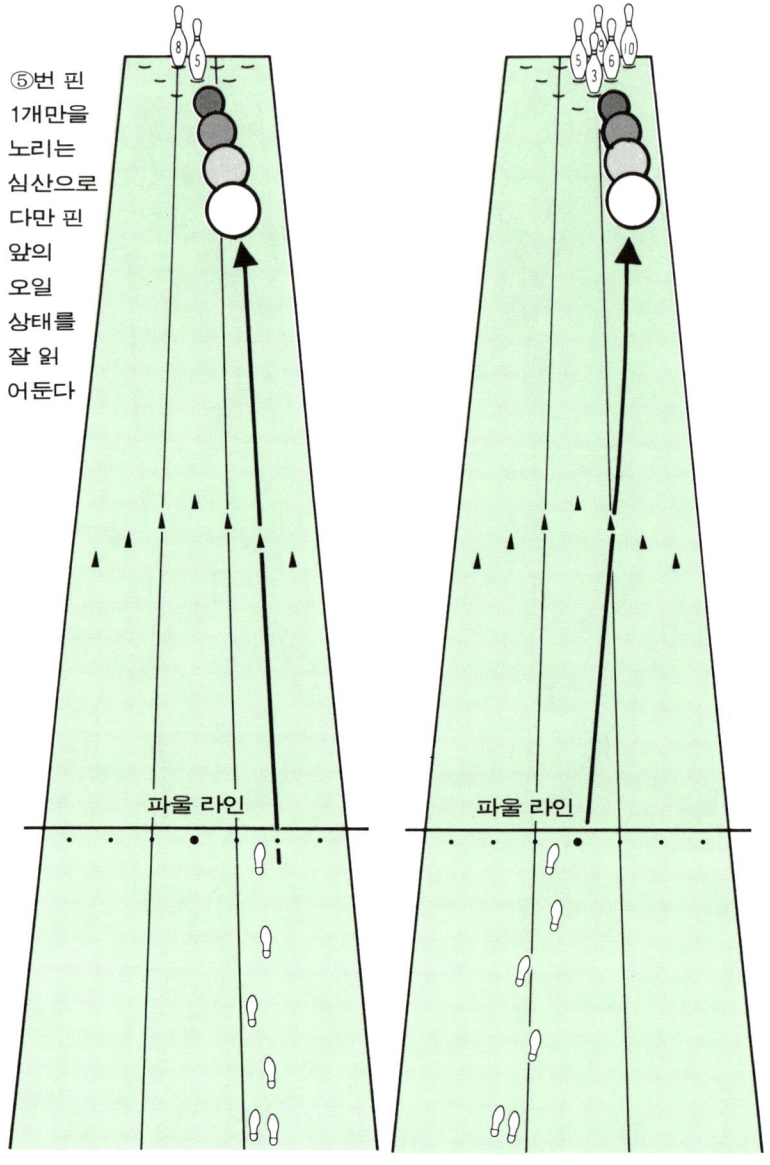

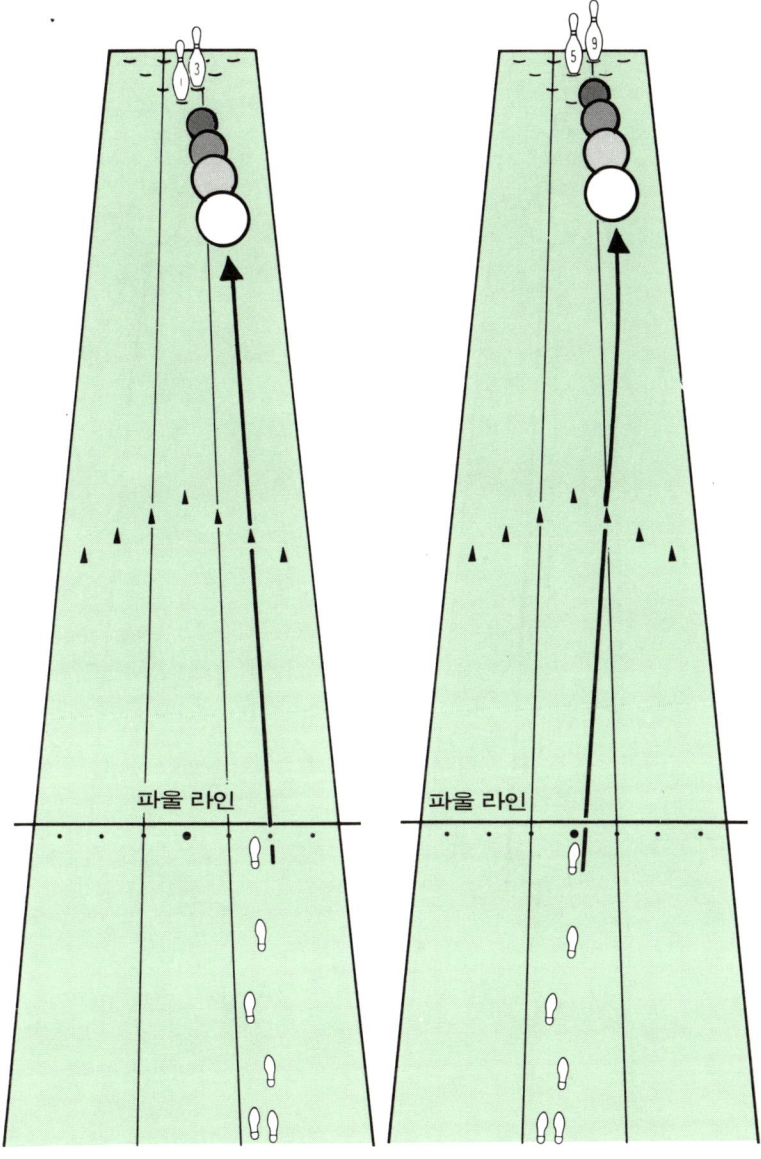

서는 위치를 조금 왼쪽으로 이동시키고
몸의 방향을 약간 안쪽으로 향해서 노린다

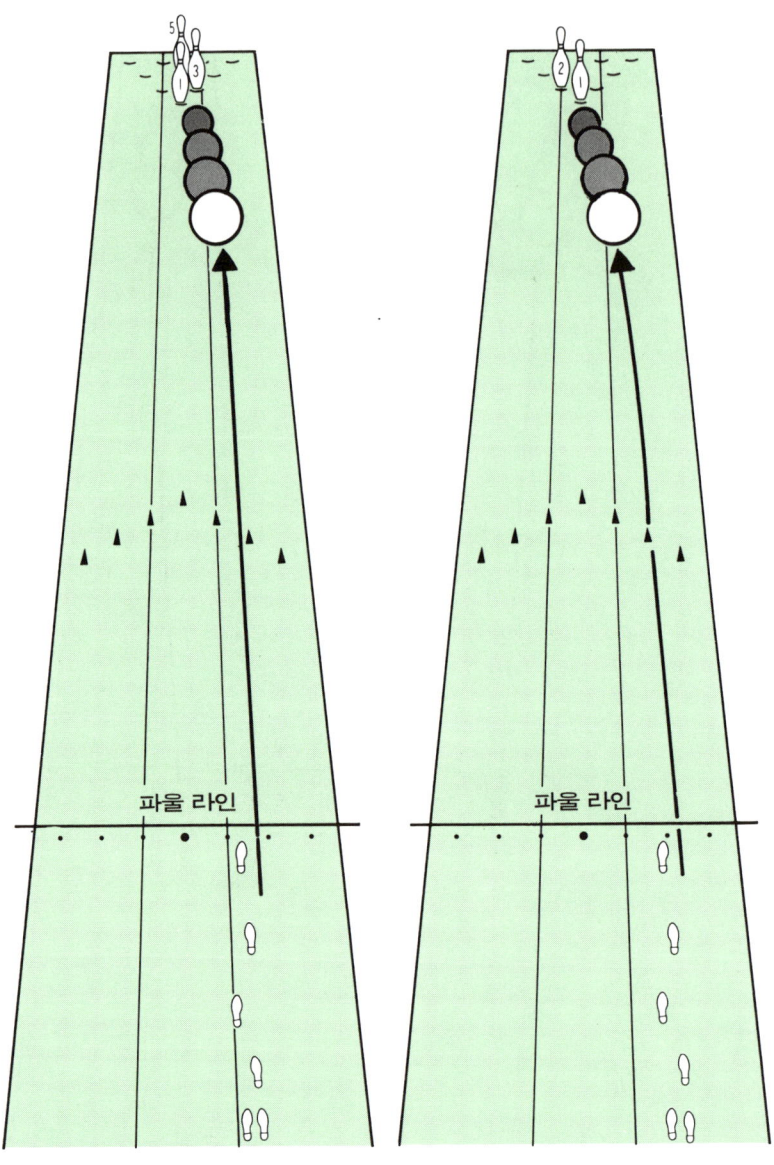

①-③-⑤번 스페어   ①-②번 스페어

● 레프트 존이면

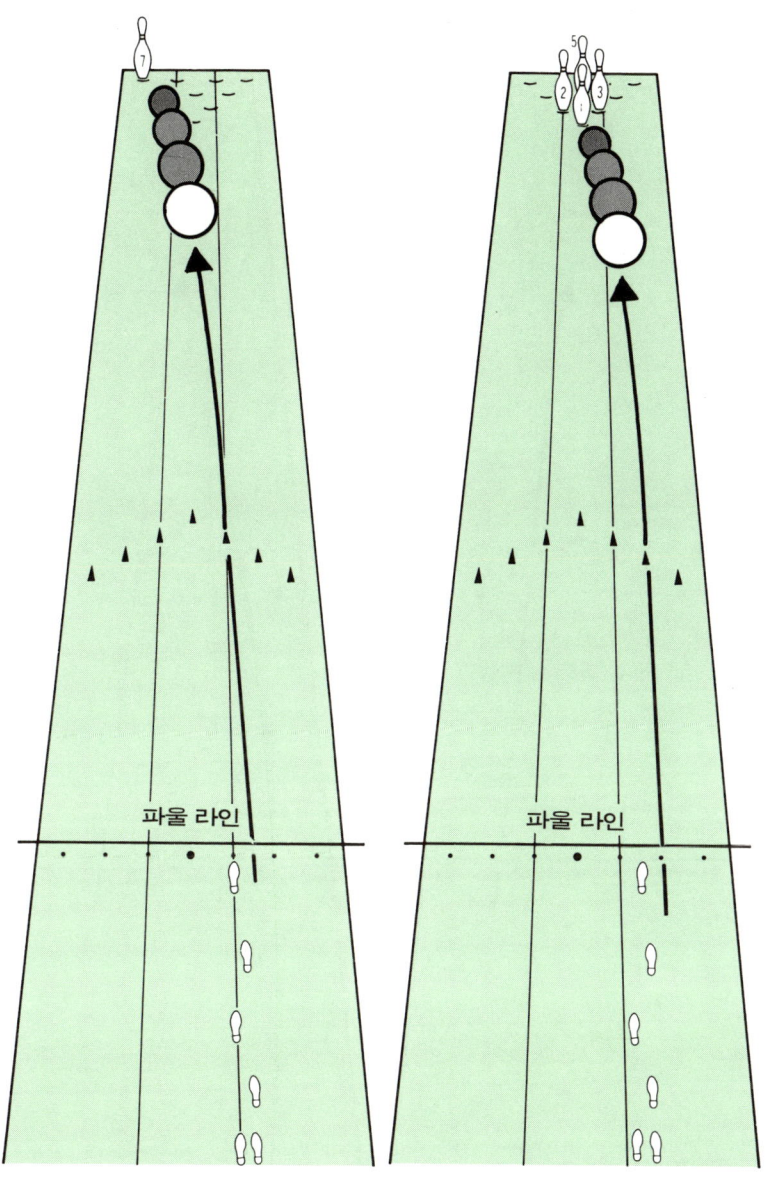

⑦번 스페어　　　①-②-③-⑤번 스페어

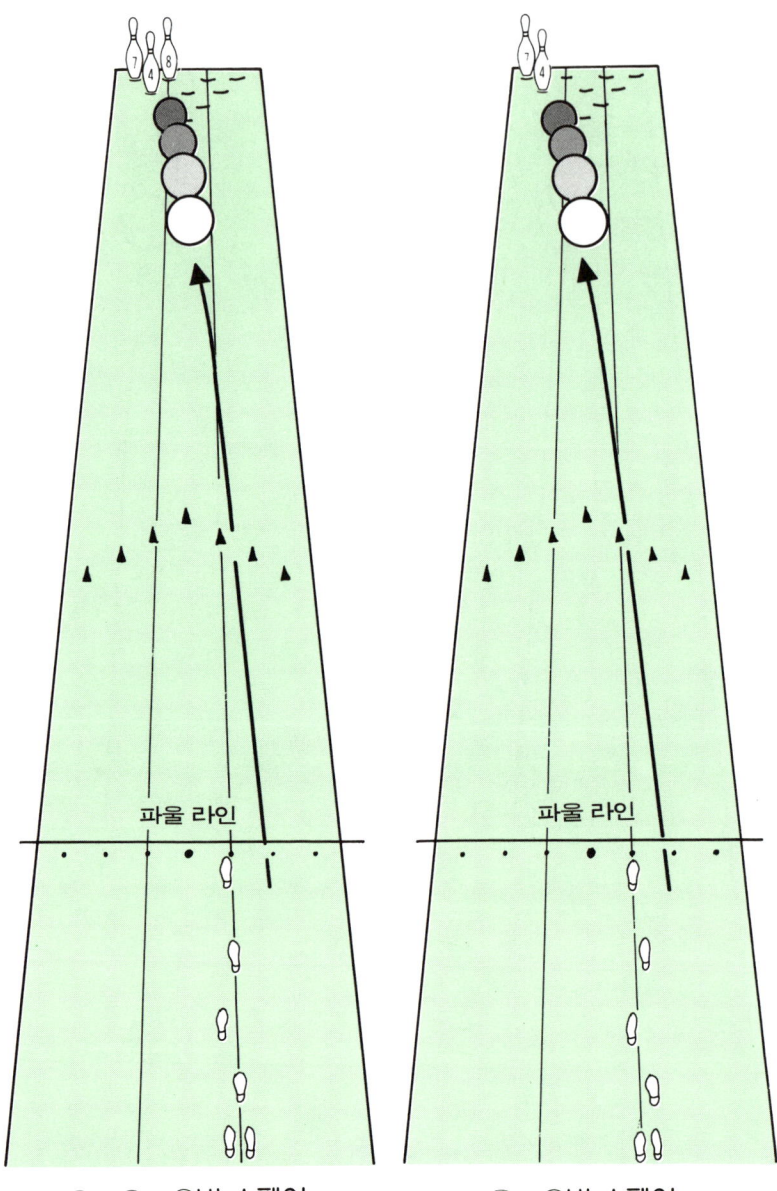

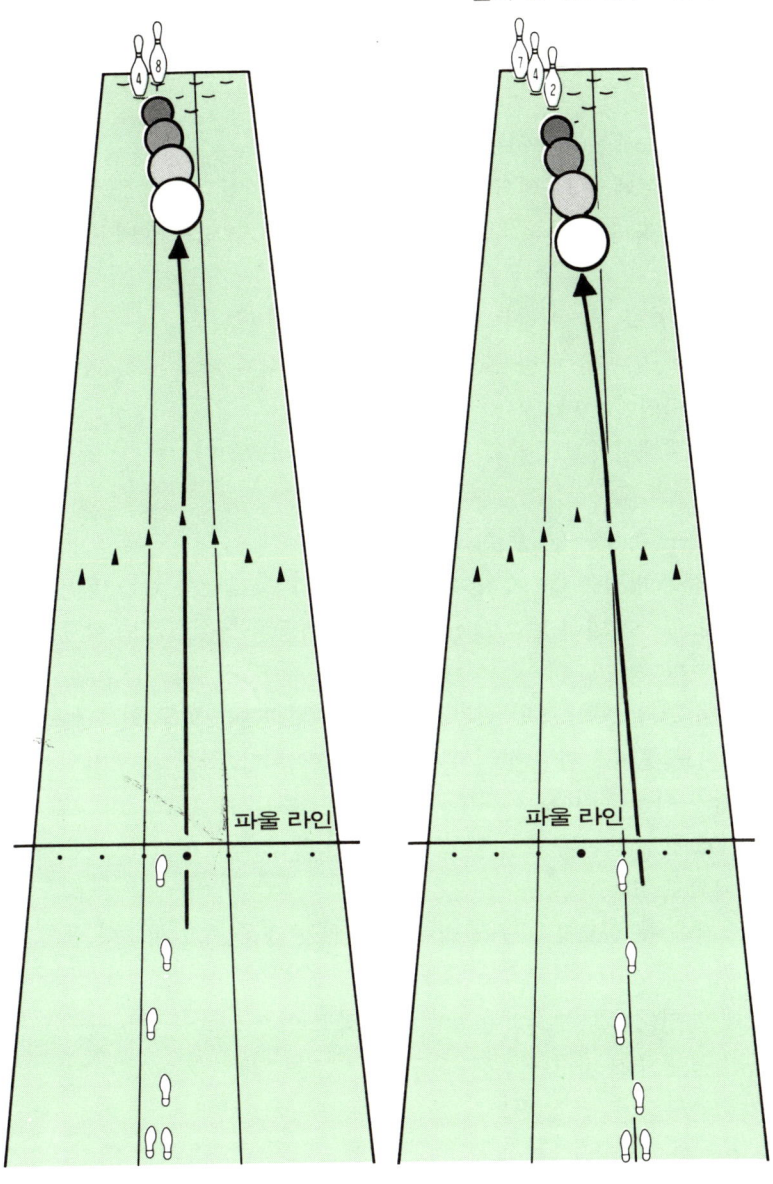

3. 스플리트를 클리어하는 법

볼링의 승패를 좌우하는 큰 요인에는 스플리트가 있다.

이것은 프레임 1투째의 뒤에 핀이 각각 1개 이상의 간격을 두고 떨어져서 남아 단순한 볼의 히트만으로는 클리어할 수 없는 상태의 핀 위치를 말한다.

스플리트를 클리어하는 데는 두 가지 방법이 있다.

하나는 키 핀을 때린 볼의 궤도 수정을 계산에 넣고 남은 핀을 쓰러뜨리는 방법이 있다.

이것은 베이비 스플리트로 불리우는 핀에 유효하다.

- ③-⑩, ②-⑦ 스플리트

이 잡는 방법은 ③-⑩번의 스플리트이면 그 중간에 있는 ⑥번 핀의 위치로 ②-⑦번이 남으면 ④번 핀을 쓰러뜨리는 심산으로 각각 겨냥을 정한다.

③번 핀의 왼쪽, ②번 핀의 오른쪽을 겨냥하는 방법도 있으나 핀 액션보다도 볼 히트를 우선시키는 것이 대원칙이다. 사실 그 편이 스페어를 잡기 쉬운 것이다.

그것에 노 터치나 춉의 확률도 핀 액션 겨냥 쪽이 훨씬 큰 것은 두말할 나위도 없다.

그러나 볼 히트로 핀을 클리어할 수 없는 경우는 그 범주에 들지 않는다.

레인 컨디션을 생각하여 스탠스를 잡고 어느 코스를 겨냥할 것인가를 결정해 주기 바란다.

제2스포트에서 노리는 경우, 스트라이크 코스에서 역산하여 스페어 코스를 정한다

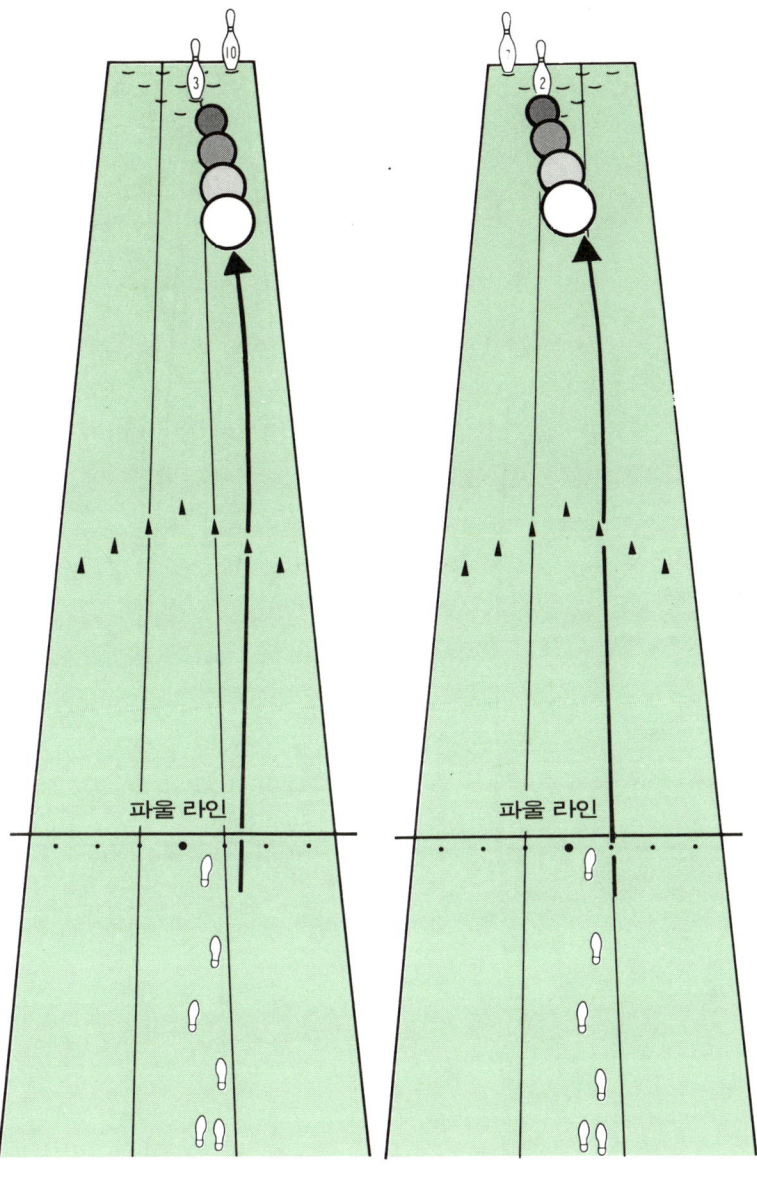

③-⑩번 스플리트   ②-⑦번 스플리트

스트라이크 코스가 제2스포트 경우의 공격법

제1투째의 스트라이크 코스보다 판자 이음매 3장 왼쪽으로 이동하여 스트라이크 코스를 노린다. 레인의 상태에 따라 다소의 변화는 필요

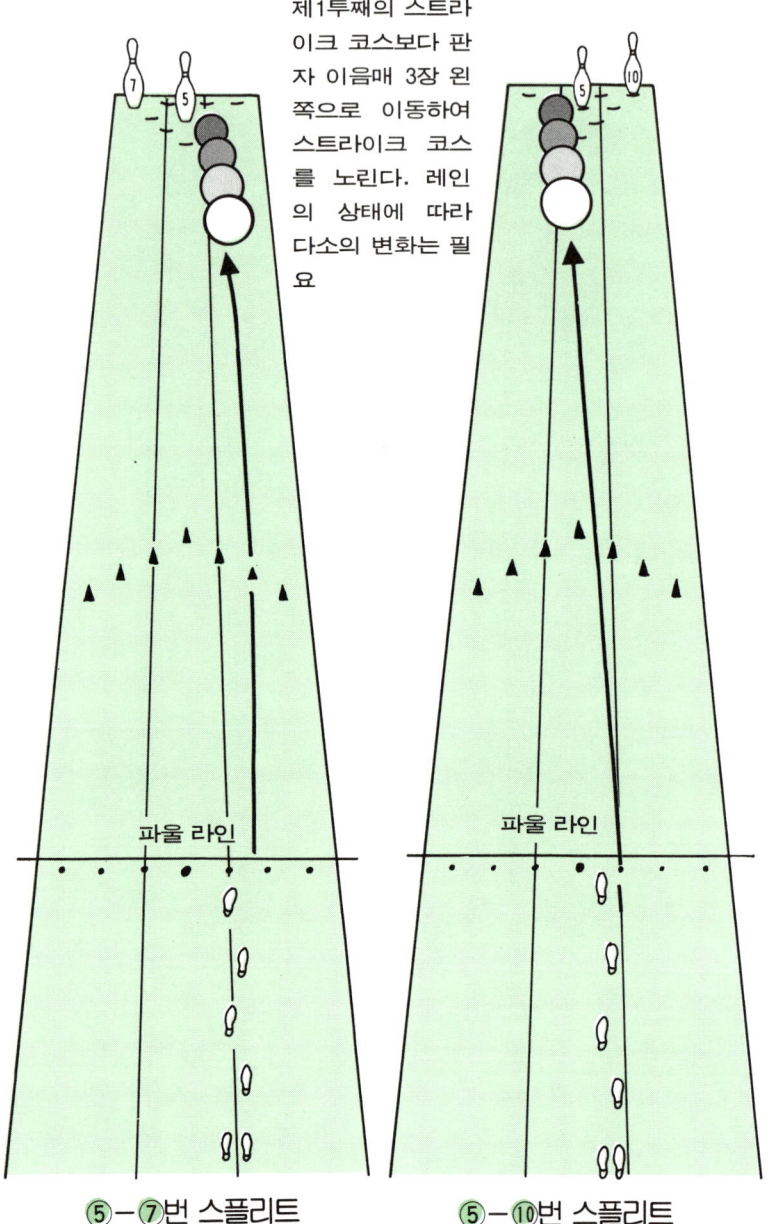

⑤-⑦번 스플리트   ⑤-⑩번 스플리트

- ⑤-⑦ 스플리트

비교적 잡기 쉬운 스플리트이다. ①-③번 볼을 겨냥할 심산으로 ⑤번 핀에 약간 얇게 맞추어 보자. 레인 상태를 잘 이해하여 스트라이크 코스보다 스탠스를 2~3장 왼쪽으로 이동해 보자.

- ⑤-⑩ 스플리트

훅의 회전을 조금 누르고 센터에서 공격한다. 구부림이 크면 노터치의 가능성도 있으나 센터 스포트라는 표준이 있는 만큼 마음껏 던질 수 있을 것이다.

- ③-⑦, ③-⑦-⑩ 스플리트

③-⑩ 스플리트와 마찬가지로 ⑥번 핀을 겨냥하는 요령이다. ③번 핀의 핀 액션으로 ⑦번 핀을 쓰러뜨린다는 것을 너무 의식하지 말고 어디까지나 목표는 ⑥번 핀이다.

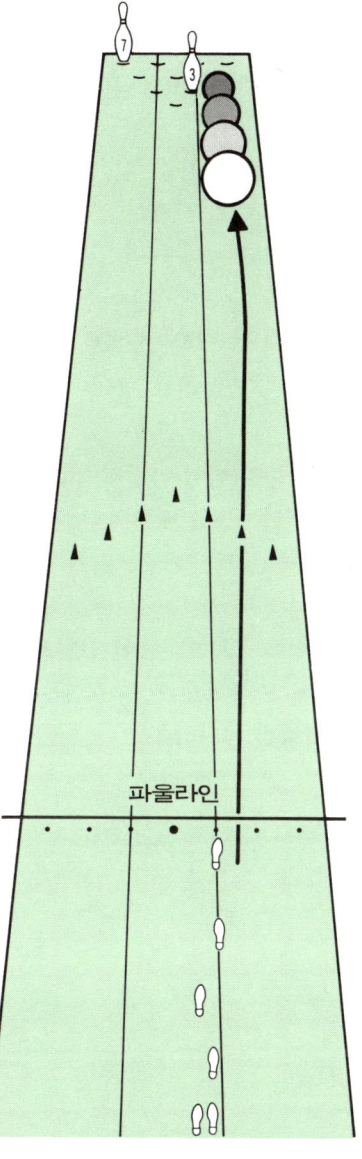

③-⑦번 스플리트

●④-⑨, ④-⑦-⑨ 스플리트

기본적으로는 ⑤-⑩ 스플리트와 같다. 그러나 핀 위치가 왼쪽에 있기 때문에 어렵다는 인상을 갖기 쉽다.

스포트의 위치를 확인하여 냉정하게 처리하기 바란다.

스플리트는 파울 라인에서 핀을 바라보면 한숨만 나온다.

여기에 제시한 스포트 라인을 참고하여 스플리트 클리어야말로 스포트 볼링의 진수라고 자세를 바로잡는 기백이 바람직스럽다.

더구나 스포트에 의한 어저스팅에는 레인 컨디션의 "읽기"도 필요하다.

레인을 다 읽는 어저스팅으로 획득한 스플리트 스페어의 상쾌감은 각별한 것이다.

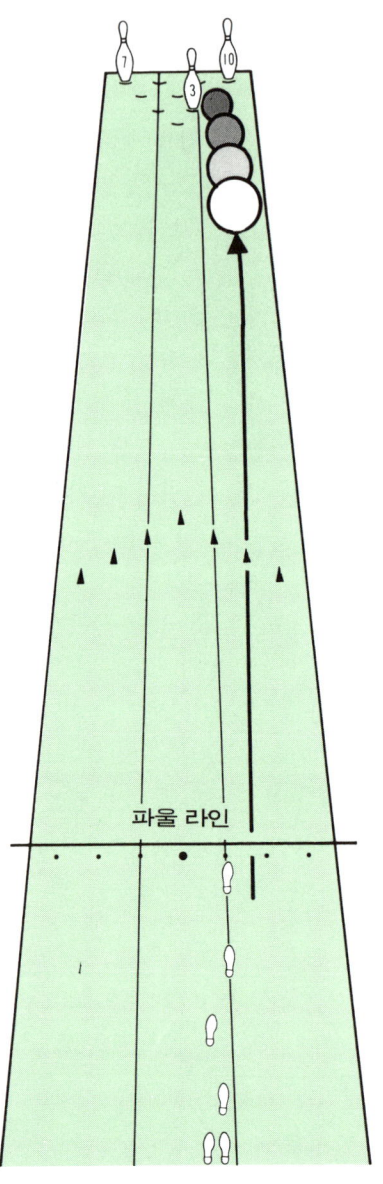

③-⑦-⑩번 스플리트

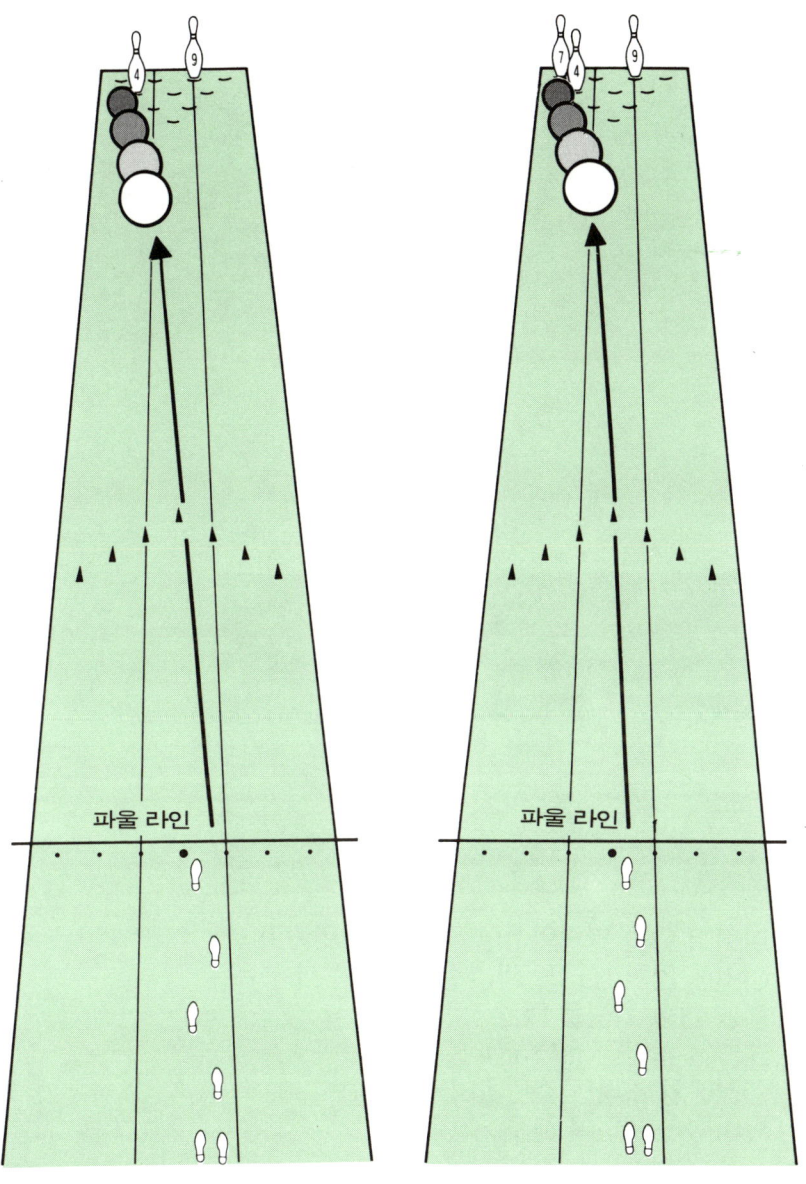

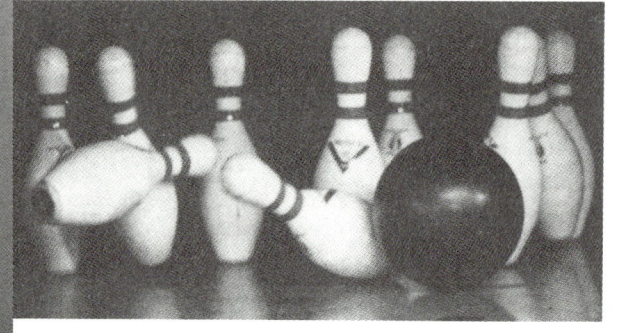

이기기 위한 볼링의 비결은 과연 무엇인가
이것에 대한 해답을 알려주는 장으로서
볼에 대한 지식을 알고
레인을 올바로 파악하여
실전에서 퍼펙트 스트라이크를 치는
묘미를 느끼도록 해 줄 것이다.

제4장 실전편
이기는 볼링의 비결

1. 볼의 지식을 갖자

경기에 이긴다. 애버리지를 올린다——.
볼링이 스포츠인 이상 승패를 도외시할 수는 없다.
그러나 볼링은 어디까지나 자신과의 싸움이다.
자신 속에 올바른 리듬, 타이밍, 밸런스를 쌓아 올려 가는 것과 컨센트레이션(집중력)을 높이는 것 이외에 유감스럽게도 볼링에는 이기기 위한 묘책은 없다.
그러나 이기기 위한 조건이라고 하면 얘기는 달라진다.
볼이나 레인의 메커니즘을 알고 그 메커니즘을 나에게 유리하게 할 수 있다면 당신의 볼링은 더욱 뛰어나게 될 것은 이미 의심할 여지가 없다.

● 볼의 선택법

마이 볼을 갖는 것은 프로 야구 선수가 자기의 글러브나 배트를 갖고 프로 골퍼가 자기의 클러브를 갖는 것과 똑같다.
하우스 볼로 매 회 틀리는 볼을 던지고 있으면 모처럼 익힌 훅 볼도, 구근도, 스포트도 그 때마다 흐트러져 버리는 결과가 되고 만다.
마이 볼은 중량, 그립이 달라지는 일은 없으므로 자기의 폼, 스포트, 구질이 안정되어 익숙해짐에 따라 자기의 실력을 십분 발휘할 수 있을 것이다.
볼을 선택하는 요령은 중량에 좌우된다.
조금 무리하여 무거운 볼을 선택하는 경향이 있으나 볼의 중량을 결정하는 원인은 어디까지나 던지기 쉬운 것에 있다. 허덕허덕 무거운 볼을 던졌지만 볼에 절도가 없으면 스코어는 좀처럼 모아지지 않는다.
그립에 관해서는 별 항에서 설명했기 때문에 여기서는 상세하게 언급하지 않지만 악력이나 근력에 웬만큼 자신이 있는 사람 이외는 핑거 팁 그립을 피해야 한다.

컨트롤하기 어려운 볼은 아무리 구부러져도 핀은 조금도 쓰러져 주지 않는다.

● 드릴링의 지식

피치는 손가락 구멍의 각도이다. 제로 피치는 엄지 손가락과 중지, 약지의 손가락 구멍의 연장선이 볼의 중심에서 교차하는 각도를 말한다. 하우스 볼이 이것이다. 볼의 중심점을 손가락 끝의 감각으로 파악할 수 있으므로 볼을 다루기 쉬운 것이 장점이다.

포워드 피치는 손가락 구멍의 교차점이 볼의 중심보다 표면(손바닥)에 가까운 각도이다. 손가락 끝이 걸리기 쉬운 반면 쥐는 힘의 강도가 필요하다.

리버스 피치는 포워드 피치의 반대이다. 손가락 구멍의 각도가 느슨하여 쥐기 쉽고 손가락도 빼기 쉬우므로 여성 취향이라고 말해도 좋을 것이다.

마이 볼의 드릴은 프로 숍에 상담하면 좋다

사이드 피치는 각각의 손가락 구멍이 좌우 어느 쪽인가에 경사된 드릴이다. 엄지 손가락 구멍에 오른쪽 피치가 붙어 있으면 볼을 릴리즈할 때 엄지 손가락이 스무드하게 빠져 그만큼 두 손가락의 볼 리프트가 용이하게 된다.

● 핑거 웨이트

톱 웨이트 가까이에 중지, 약지의 손가락 구멍을 드릴한다. 횡회전이 후에 나타나서 볼은 핀 바로 앞에서 꺾어진다.

● 샘 웨이트

톱 웨이트 가까이에 엄지 손가락을 드릴한다. 볼은 일찍부터 횡회전을 시작하고 레인의 중간쯤에서 왼쪽으로 꺾어지기 시작한다.

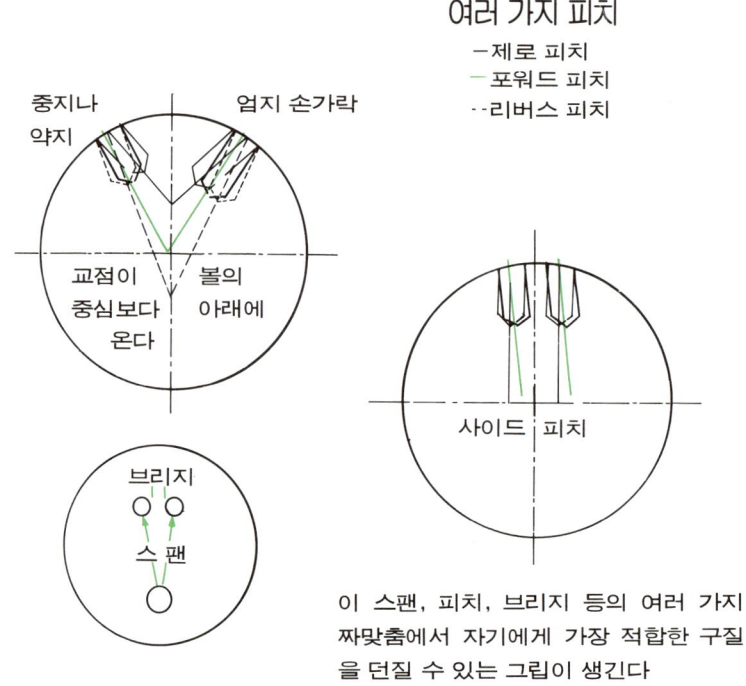

이 스팬, 피치, 브리지 등의 여러 가지 짜맞춤에서 자기에게 가장 적합한 구질을 던질 수 있는 그립이 생긴다

드릴링을 위한 기초 지식

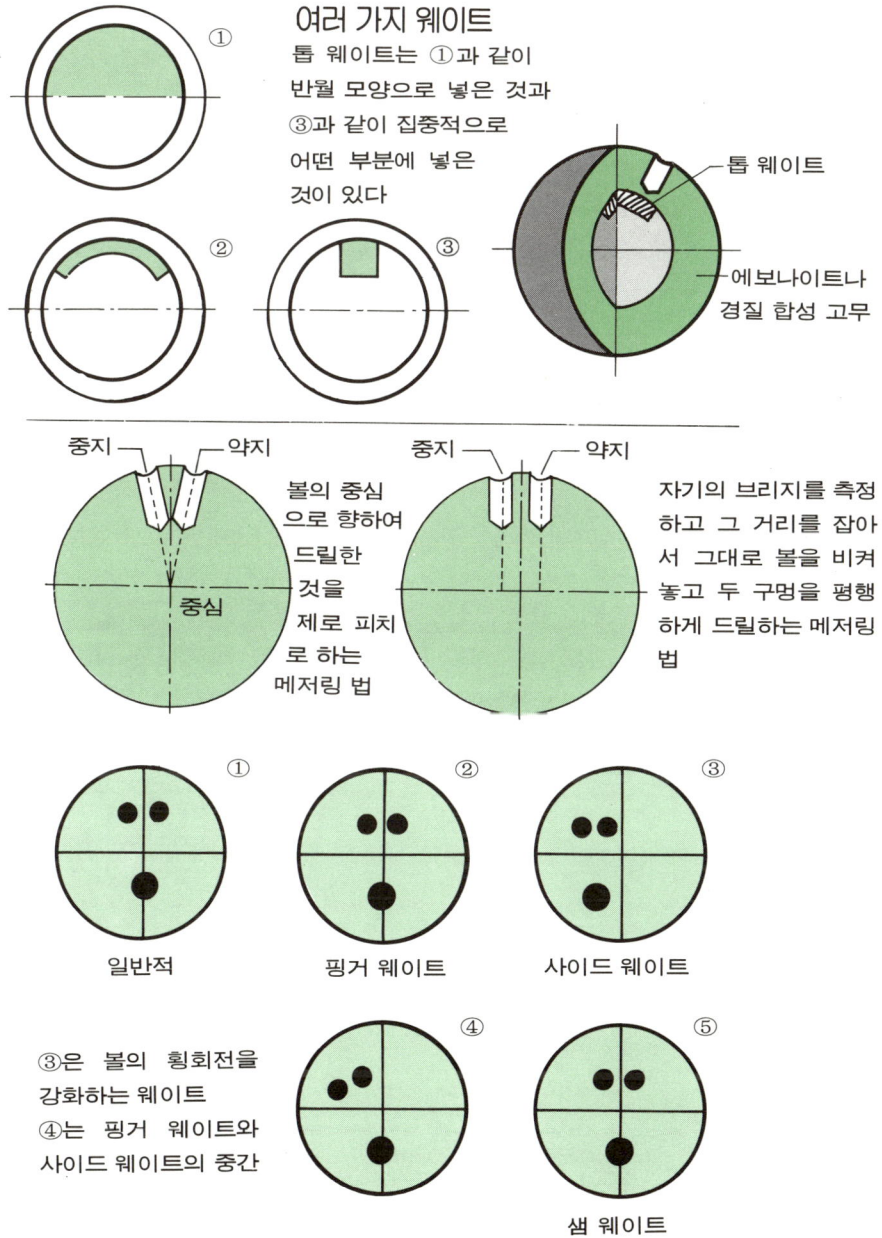

2. 레인을 알자

레인은 39~41장의 판자를 붙여서 맞춘 정교한 목조 예술품이다. 표면은 거울과 같이 매끈매끈 하고 레인은 조금의 경사도 허용되지 않는다(실제의 허용범위는 1.01밀리).

그런데 볼은 회전하면서 이 레인 위를 진행한다.

그러나 볼의 회전은 레인 위에 칠해 둔 오일에 의해서 미묘하게 변하게 된다.

오일이 칠해진 면에서는 미끄러지고 오일을 칠해 놓지 않은 면에서는 마찰이 생기는 것이다.

구체적으로 설명하는 데는 트릭 레인을 예로 사용하면 알기 쉬울 것이다.

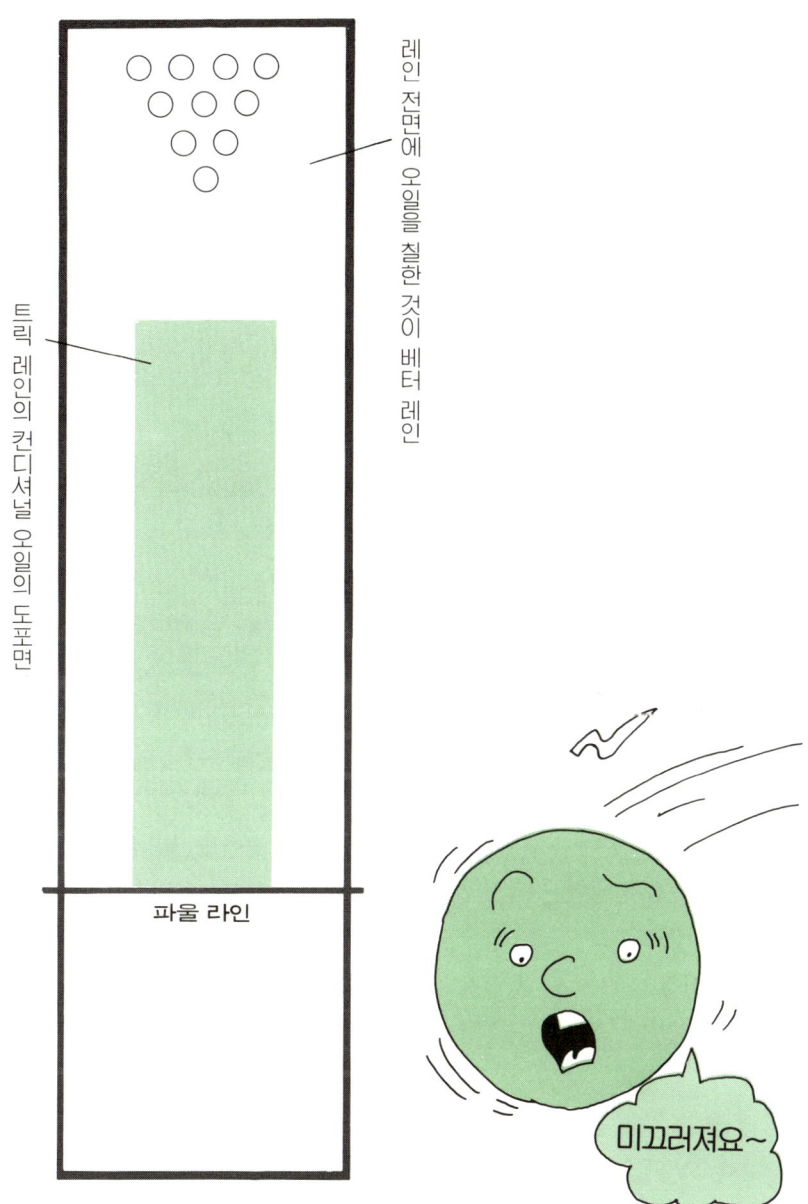

제4장 실전편

트릭 레인은 레인의 양측과 핀의 부근에 오일이 칠해져 있지 않은 레인을 말한다.

반대로 레인의 전면에 균일하게 오일이 칠해져 어느 앵글로부터도 같은 잠식을 하는 레인을 베터 레인, 즉 좋은 레인이라고 말한다.

볼을 중앙 스포트를 향해 던지면 그곳은 마침 오일이 칠해 있는 면이므로 볼은 미끄러지면서 진행해 간다.

볼에 횡회전이 붙어 있어도 이 단계에서는 볼은 옆으로 구부러지지 않는다. 횡회전이 헛돌아서 직진하는 관성에 져버리기 때문이다.

그런데 핀에 접근하여 오일이 칠해져 있는 면을 벗어나면 볼의 횡회전도 공전 상태에서 탈출하여 미끄럼이 나쁜 판자 이음매를 물어서 옆으로 구부러지기 시작한다.

이것이 훅이다.

그러면 볼을 오일이 칠해져 있지 않은 레인의 오른쪽에서 릴리즈하면 어떻게 될까.

볼은 핀에 접근하면 왼쪽으로 꺾어지기 시작한다. 오일이 칠해져 있지 않으므로 볼의 꺾기가 좋은 것이다.

그리고 오일이 칠해져 있는 중앙대로 돌입한다. 볼은 회전이 레인의 미끄럼에 먹혀서 공전된다. 볼은 미끄러지면서 이번에는 똑바로 미끄러져 간다. 그리고 핀 바로 앞에서 또다시 회전력을 발휘하여 왼쪽으로 훅한다.

레인 중앙의 오일대가 핀까지 뻗어 있는 경우에 볼은 또 다른 움직임을 한다. 왼쪽으로 꺾어져 오일대로 들어간 볼은 공전한 대로 똑바로 핀에 돌진한다.

같은 훅이라도 레인 컨디션에 따라서 전혀 다른 궤도를 그린다는 것을 알게 되었을 것이다.

● 베터 레인의 공격법

전면에 오일을 칠한 베터 레인을 공격하는 데는 먼저 자기의 스포트를 찾아 내는 것이 선결 문제이다.

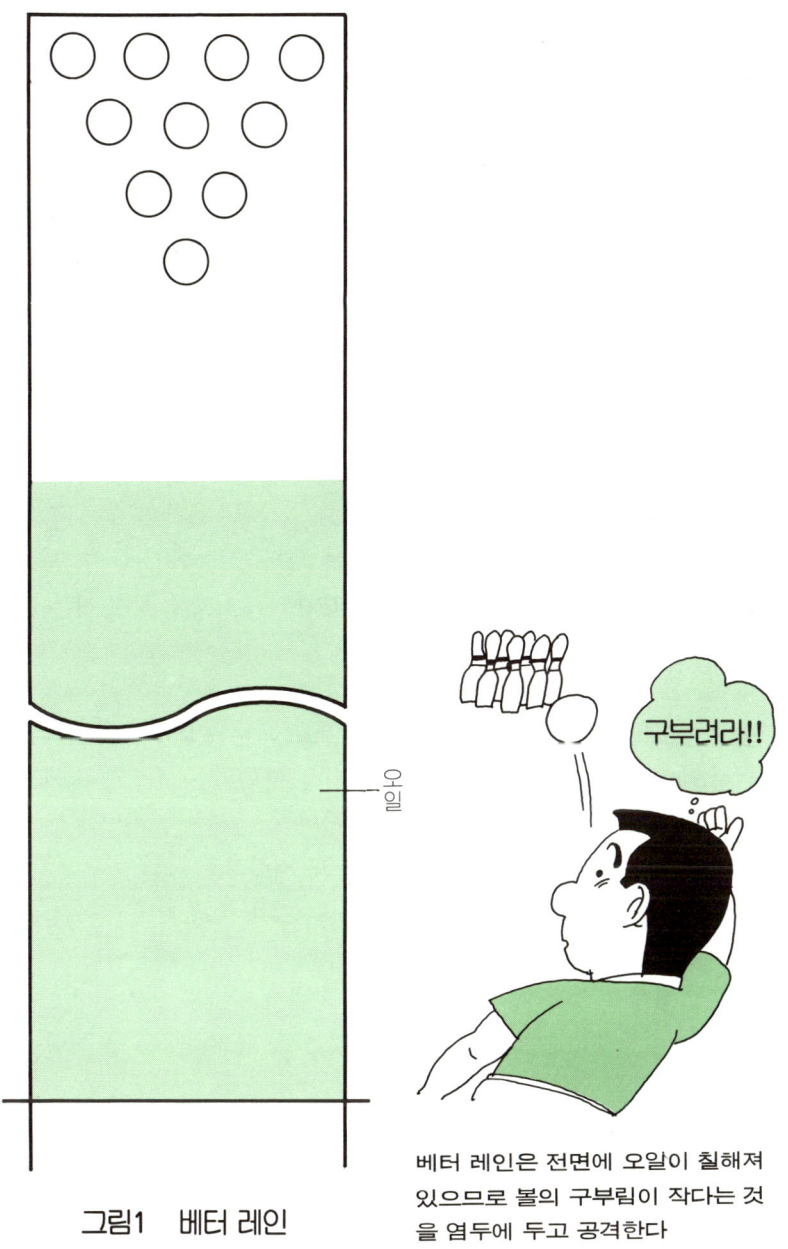

그림1 베터 레인

베터 레인은 전면에 오일이 칠해져 있으므로 볼의 구부림이 작다는 것을 염두에 두고 공격한다

제4장 실전편 159

핀 옆에서 볼이 왼쪽으로 꺾이는 각도가 작기 때문에 평소보다 안쪽의 코스를 쓰지 않을 수 없다.

레인의 바깥 쪽에서 안쪽을 향해 투구하는 인사이드의 코스가 발견되면 그곳을 공격하는 것도 방법이다.

구부리려고 힘주든지 코스의 선택에 갈피를 못 잡으면 스코어는 좀처럼 모아지지 않는다.

베터 레인에서 주의해야 할 것은 저녁부터 오후에 걸쳐서 오일이 끊어지기 시작했을 때이다.

베터 레인은 전면에 오일이 칠해져 있으므로 볼의 구부림이 작다는 것을 염두에 두고 공격한다.

흔히 사용되는 레인의 안쪽의 오일이 줄어서 바깥 쪽에 오일이 남는 이른바 "외속 내지"의 상태가 되면 안쪽의 볼은 꺾이고, 바깥 쪽의 볼은 흐르는 경향을 나타낸다.

안쪽에서 공격할 때에는 볼을 부풀게 하고, 바깥 쪽에서 포켓을 노리는 경우는 오른쪽에서 약간 스트레이트 경향으로 각도를 갖게 하는 등 구조의 공부가 필요할 것이다.

● 트릭 레인의 공격법

베터 레인과 대조적인 것이 트릭 레인이다. 오일이 칠해져 있지 않은 바깥 쪽에서 공격하면 볼은 왼쪽으로 꺾어져 오일 존으로 진입해 와서 그곳에서 볼은 미끄러져 흐르고 ①③핀을 탁 때린다.

이 레인 컨디션을 트릭 레인이라고 부르는 것은 훅 볼러에 있어서 바깥에서 공격하는 이 코스가 "스트라이크의 지정석"이기 때문이다.

오일이 칠해져 있지 않는 레인의 바깥 쪽에서 알맞게 구부러져 오일 존에서 그 구부림을 억제할 수 있다. 이것은 훅 볼러에게는 볼을 더욱 컨트롤하기 쉬운 조건이라고 해도 좋을 것이다.

볼을 안쪽에서 조금 바깥 쪽으로 내도 오일이 칠해 있지 않은 레인의 바깥에서는 볼이 잘 꺾어져 다시 안쪽으로 되돌아 오는 볼의 궤도를 비교적 쉽게 만들 수 있다. "오일의 벽"이라고 불리우고 있는 것이 이 안쪽과 바깥 쪽의 경계선이다.

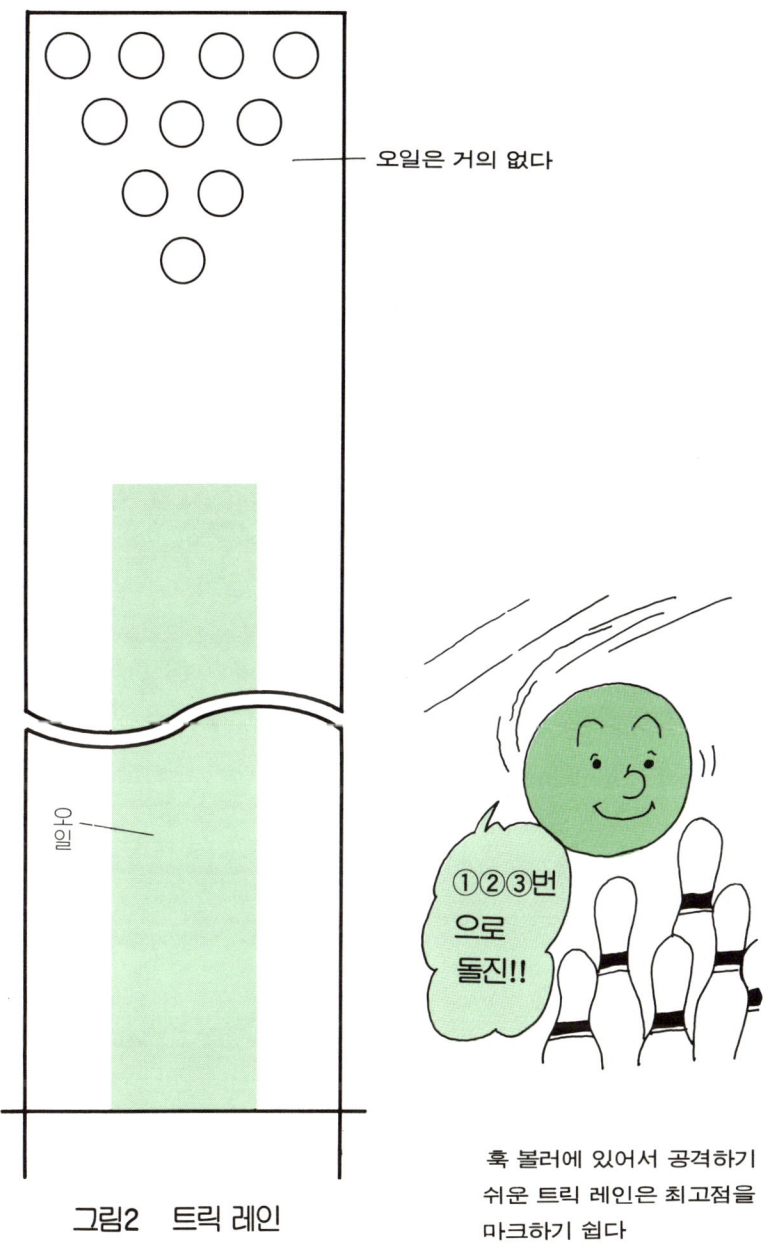

그림2 　트릭 레인

훅 볼러에 있어서 공격하기
쉬운 트릭 레인은 최고점을
마크하기 쉽다

● 제4장 실전편

스트라이크를 찾아내는 법

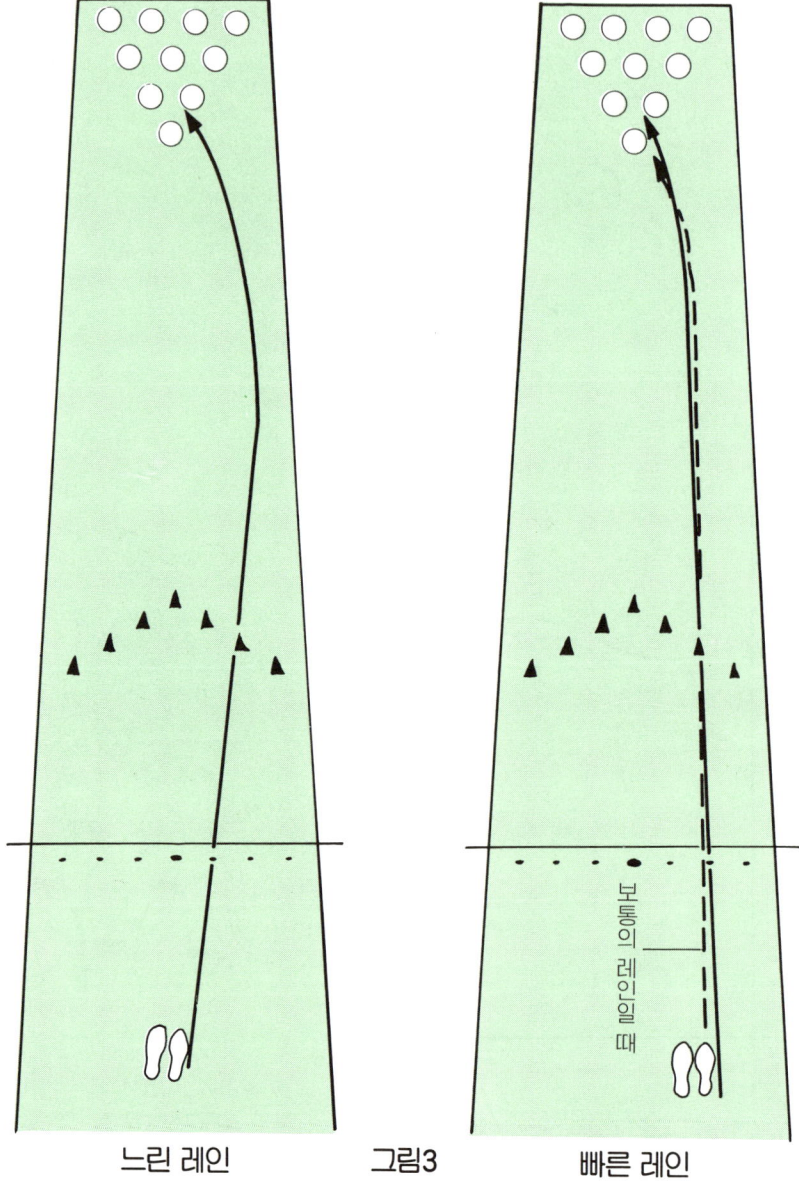

그림3

느린 레인 — 조금 왼쪽에 서서 스포트를 겨냥

빠른 레인 — 조금 오른쪽에 서서 스포트를 겨냥 (보통의 레인일 때)

볼러는 이 오일의 벽을 교묘하게 이용하여 좋은 꺾기의 훅 볼을 던지려고 만반의 준비를 다하고 있는 것이다.

그림-③에 예시한 레인은 베터 레인과 트릭 레인의 중간적인 레인이다.

바깥 쪽에서는 릴리즈가 부풀면 볼이 밖으로 흐르는 반면, 릴리즈를 똑바로 내면 핀에 접근함에 따라 볼은 알맞게 왼쪽으로 꺾인다.

여기에도 오일의 벽이 있었다는 것이다.

레인의 컨디션이 한결같지 않다는 것은 볼러에게는 적지 않은 부담이다. 그러나 이것은 조금 우스꽝스럽다고 말하지 않을 수 없다.

볼링의 레인도 마찬가지이다. 물론 볼링장의 관리자가 나쁜 레인 컨디션에 관해서 일률적으로 말할 수는 없지만, 레인의 컨디션은 볼러에게 주어진 유일한 "예측할 수 없는 사태"이다. 먼저 레인 컨디션을 읽는 것과 그 레인에 맞는 투구법을 채택한다.

레인 컨디션에 당황한다든지 또는 경기가 끝날 때까지 레인 컨디션을 파악하지 못하는 상태에서는 애버리지 볼러라고 부를 수 없다.

연습에서 레인 컨디션을 파악하면 그 후는 신중하게 스포트를 결정하고 자기의 구근을 레인 위에 그리는 것이다.

볼의 기능을 알고 레인의 메커니즘을 이해함만이 볼링의 즐거움을 꽃피우게 되는 것이다.

레인 컨디션은 한결같지 않다 그래서 빨리 레인의 상태를 읽을 수 있는가의 여부가 승패를 좌우한다

부록
볼링 용어 해설

▶▶▶▶▶ ㄱ

가이드 스포트(guide spot) : 레인 바닥에 붙인 10개의 동그란 표시.

거터(gutter) : 레인 옆에 설치된 홈.

거터 볼(gutter ball) : 핀에 맞기 전에 거터로 떨어져 버리는 것.

게팅 더 우드(getting the wood) : 좋은 스코어에서 볼을 굴리는 것.

고 더 루트(go the route) : 한 게임에서 세 번 이상 스트라이크를 내서 끝내는 경우.

골든 게이트(golden gate) : ④-⑥-⑦-⑩핀을 남긴 스플리트.

골 포스트(goal post) : ⑦-⑩핀을 남긴 스플리트.

그라스 호퍼(grass hopper) : 강력하게 핀을 튕겨 날리는 파괴력이 있는 볼.

그랩(grab) : 굴러가다가 핀 앞에서 갑자기 날카롭게 안쪽으로 굽어 들어가는 훅 볼.

그레이브 야드(grave yard) : 시설이 나쁘거나 낡아서 컨트롤하기 어려운 레인. 기록 내기가 곤란하며 볼러를 애먹이는 레인이다. 그레이브는 묘지라는 말.

그레즈 브룩클린(graze brooklin) : 왼손 투구의 스트라이크 포켓, 1번과 2번 핀 사이로 볼을 엷게 넣는 것.

▶▶▶▶▶ ㄴ

나이스 카운트(nice count) : 제1구에 6개 이상 핀을 넘어뜨리는 것.

나인 앤드 위글(nine and wiggle) : 핀을 9개 넘어뜨리고 1개의 핀만 흔들거리다가 결국 살아 남았을 경우.

노즈 히트(nose hit) : 코뼈를 꺾는다는 뜻으로 1번 핀을 정면으로 맞히는 것.

▶▶▶▶▶ ㄷ

다임 스토어(dime store) : ⑤-⑩핀이 남은 스플리트.

더블 볼링(double bowling) : 제1구를 던진 다음 그 볼이 돌아오지 않았는데 남의 볼 등 다른 볼로 제2구를 던지는 것. 이것은 매너에 어긋나는 행동.

더블 우드(double wood) : ①-⑤, ②-⑧, ③-⑨핀과 같이 핀이 두 개 남았을 때 그 중 한 핀이 다른 핀 바로 뒤에 있어서 잘 보이지 않는 모양.

더블 피너클(double pinnacle) : ④-⑥-⑦-⑩핀이 남는 스플리트. 이 용어는 ④-⑦핀, ⑥-⑩핀의 두 높은 봉우리가 나란히 있다는 의미. 피너클은 뾰족한 산봉우리를 말함.

더치맨(dutchman) : 스트라이크와 스페어가 또는 스페어와 스트라이크가 계속 나와 꼭 200점이 되는 게임. 샌드위치 게임이라고도 함.

데드 볼(dead ball) : 투구를 했으나 무효가 되어 넘어뜨린 핀이 득점으로 가산되지 않는 볼.

도도(dodo) : 별로 예가 드문 ①-⑩핀이 남는 것. 멸종된 새인 도도에서 온 것.

스리 쿼터(three quarter) : 어프로치 폭의 4분의 3정도의 왼쪽 위치에서 스탠스하여 포켓을 겨냥하는 투구. 아웃 사이드의 반대 뜻으로 이것을 인 사이드라고도 함.

▶▶▶▶▶ ㄹ

라이트(light) : 볼이 스트라이크 포켓에 들어가면서 핀 1개만 남기게 되는 것. 즉 완전한 히트가 아닌 것.

라이트 아웃(light out) : 최후에 투구하는 앵커맨이 스페어를 미스시키는 것.

라인 볼링(line bowling) : 레인의 판자를 표적으로 투구하는 방법. 일반적으로 판자뿐 아니라 스포트의 표적과 합쳐서 사용하는 수가 많음.

러닝 앨리(running alley) : 훅 볼을 만들기가 좋은 레인.

레인(lane) : 볼이 굴러가는 바닥으로 넓은 의미와 좁은 의미가 있음. 넓은 의미로는 어프로치와 거터를 포함한 투구대 전체를, 좁은 의미로는 실제로 볼이 굴러가는 바닥만을 가리킴.

레일 로드(rail road) : 스플리트. 철로의 의미로서 핀과 핀 사이가 멀리 떨어져 넘어뜨리기 어려운 상태.

롤링(rolling) : 볼이 굴러가는 궤도. 세미 롤링, 풀 롤링, 스피너의 3개가 기본.

로우 히트(low hit) : 1번 핀에 볼이 스치듯이 맞는 것. 하이 히트의 반대.

로프트 볼(loft ball) : 파울 라인 $1m$ 앞쪽에 떨어지는 볼.

로프팅(lofting) : 파울 라인을 넘고 나서야 볼이 손가락에서 빠져 나가는 것. 첫째 손가락을 늦게 뺐을 때 이렇게 됨.

리드 오프 맨(lead off man) : 팀을 짜서 경기할 때 맨 처음에 던지는 사람.

리버스(reverse) : 현저하게 오른쪽으로 굽어 버리는 구질. 백 업 볼이 심한 경우.

리브(leave) : 제1구에 넘어지지 않고 남은 핀.

리세트(reset) : 핀을 핀 덱에 다시 세트하는 일.

리턴(return) : 던진 볼이 되돌아오는 것. 또 볼이 돌아오는 길.

리프트(lift) : 볼의 회전력을 증가시키기 위해 볼을 손에서 놓는 순간에 손가락으로 구멍을 걸어올리듯이 처리하는 동작.

릴리(lily) : ⑤-⑦-⑩핀 스플리트. 백합이라는 의미로 이것을 처리하기란 거의 불가능.

릴리즈(release) : 볼에서 손을 떼는 것.

▶▶▶▶▶ ㅁ

마크(mark) : 접전일 때 스트라이크 또는 스페어를 처리하는 것.

머더 인 로(mother in law) : 7번 핀. 심술궂은 시어머니처럼 구석에서 버티고 서 있다는 의미.

머피(murphy) : 스페어를 처리하기 쉬운 ②-⑦핀 스플리트. 또는 ③-⑩핀의 스플리트.

메이킹 인 피트(making in fit) : ④-⑤핀, ⑤-⑥핀과 같이 남아 있을 때 2개의 핀 사이로 볼을 던져 핀을 넘어뜨린다 하여 이렇게 이름지었음.

미스(miss): 제2구째에 스페어 처리에 실패하는 것. 에러, 블로와 같음.
믹서(mixer): 넘어진 핀이 다른 핀을 휘저으면 넘어뜨려 가는 것.

▶▶▶▶▶ ㅂ

바 메이드(bar maid): ①-⑤, ②-⑧, ③-⑨핀 중 정면의 뒤쪽에 숨어 있는 5번, 8번, 9번 핀. 술집 여종업원이라는 의미로서 카운터 뒤에 있는 곳이란 뜻에서 이 이름이 붙었음.

박스(box): 한 게임에서의 투구 구분. 프레임과 같은 뜻.

백 업(back up): 오른팔로 던지는 사람의 볼이 왼쪽을 향해 활 모양을 그리며 가다가 오른쪽으로 휘어들어가는 것. 왼팔로 던지는 사람의 경우는 이와 반대.

버킷(bucket): 오른팔로 던지는 사람의 경우는 ②-④-⑤-⑧핀 스플리트를, 왼팔로 던지는 사람의 경우는 ③-⑤-⑥-⑨핀 스플리트를 버킷이라 말함.

베드(bed): 볼이 굴러가는 바닥. 앨리 베드, 레인 베드라고도 함.

베드 포스트(bed post): ⑦-⑩핀 스플리트로 침대의 기둥같이 떨어져 서 있다는 의미.

베리 더 볼(bury the ball): 1번 핀을 빗맞고 안쪽 핀으로 돌입해 들어가 버리는 것. 매장된 볼이라는 의미.

베이비 스플리트(baby split): ②-⑦핀 스플리트 또는 ③-⑩핀 스플리트. 처리하기 어중간하여 머피라고도 함.

보크(balk): 투구하기 전에 파울 라인을 밟는 것.

볼 랙(ball rack): 볼을 두는 받침대.

브룩클린(brooklyn): 오른팔로 던지는 사람의 경우에 1번 핀과 2번 핀 사이를 명중시키는 볼. 왼팔로 던지는 사람의 경우는 1번 핀과 3번 핀 사이. 뉴욕 시 맨하탄 로(路)의 동쪽 강가 왼편에 브룩클린 거리가 있는데 이것에서 연유된 이름임.

브리지(bridge): 볼의 셋째 손가락 구멍과 넷째 손가락 구멍의 간격.

블라인드(blind): 팀 멤버 중에서 결석자가 생겼을 때 거기에 주는 득점.

블로(blow) : 두 번 투구했는데도 모두 핀을 넘어뜨리지 못한 것. 에러 와 같음.

빅 이어즈(big ears) : 넘어뜨리기 어려운 ④-⑥-⑦-⑩핀 스플리트. 커다란 귀같이 서 있다 하여 이런 이름이 되었다.

빅 파이브(big five) : 한쪽에 2개 그 반대쪽에 3개 핀이 떨어져 남은 스 플리트. 예를 들면 ②-④-⑥-⑦-⑩핀 스플리트

빅 포(big four) : ④-⑥-⑦-⑩핀 스플리트. 빅 이어즈와 같음.

빅 필(big fill) : 핀이 8개 이상 남아 있는 스페어를 처리한 것.

▶▶▶▶▶ ㅅ

사워 애플(sour apple) : 컨트롤이 나쁜 볼. 위력없이 한가운데 핀만 넘 어뜨리는 볼. 원래 의미는 시큼한 사과.

샌드위치 게임(sandwich game) : 스트라이크와 스페어를 번갈아 내어 200점을 득점했을 때의 게임

세트 업(set up) : 10개의 핀을 규정 위치에 정확히 세우는 것.

소프트 앨리(soft alley) : 스트라이크가 나오기 쉬운 레인. 슬로트 앨리 와 같은 뜻.

스네이크 아이(snake eye) : ⑦-⑩핀 스플리트. 뱀 눈같이 징그럽게 느 낄 정도로 떨어져 있다는 의미.

스노 플라우(snow plow) : 제설기처럼 탄력성있게 휘는 볼.

스몰 볼(small ball) : 포켓에 정확히 들어가 스트라이크를 내는 볼을 뜻 하지만 같은 스트라이크가 계속 나와 재미가 없다는 의미도 포함된 말.

스위퍼(sweeper) : 핀을 옆으로 쓸듯이 넘어뜨리는 날카로운 훅 볼.

스코어(score) : 득점. 원칙적으로 넘어뜨린 핀 하나가 1점이 됨.

스코어 시트(score sheet) : 스코어를 기록하는 용지.

스코어 키퍼(score keeper) : 스코어를 기록하는 사람.

스크래치(scratch) : 핸디캡을 붙이지 않고 실제 스코어만으로 실력을 겨루는 섯.

스탠스(stance):투구하기 위해 볼을 가지고 자세를 취하는 것.
스트라이드(stride):스텝할 때의 보폭(步幅).
스트라이크(strike):제1구로 10개 핀을 모두 넘어뜨리는 것.
스트라이킹 아웃(striking out):게임의 마지막 투구를 스트라이크로 장식하는 것.
스티프 앨리(stiff alley):딱딱하여 볼이 빨리 굴러가는 레인. 혹 볼과 커브 볼을 던지기 어려워 홀딩 레인 또는 패스트 레인이라고도 함.
스팬(span):볼에서 첫째 손가락 구멍과 다른 두 개 손가락 구멍과의 간격.
스페어(spare):두 번 투구하여 10개 핀을 모두 넘어뜨리는 것.
스포트(spot):투구할 때 눈 표시로 하기 위해 레인 위에 붙인 표시. 어프로치 위에 있는 것은 발 위치를 정할 때 사용하며, 앨리 베드 위에 있는 것은 볼 코스를 하여 겨냥할 때 사용.
스플래시(splash):볼에 맞는 순간 10개 핀이 일시에 튕겨버리는 통쾌한 스트라이크. 이 말은 물을 튕긴다는 의미임.
스플리트(split):제1구에 1번 핀을 포함하여 몇 개 핀이 넘어진 다음 핀들이 앞이나 가운데는 없고 옆으로 분산되어 있는 모양. 스페어 처리기 대단히 어려움.
스핀(spin):투구 요령. 볼이 팽이처럼 옆으로 회전되게 던지는 기술. 이 스핀을 잘 하면 위력있는 볼이 됨.
스필러(spiller):1번 핀에 슬쩍 맞아 다른 핀이 하나하나 천천히 무너지는 슬로 모션의 스트라이크.
슬로우 앨리(slow alley):앨리 베드의 마찰이 커서 볼이 느리게 굴러가는 레인. 혹이나 커브 볼이 잘 됨.
슬로트 앨리(slot alley):스트라이크가 계속 나오는, 상태가 좋은 레인.
슬리퍼(sleeper):①-⑤, ②-⑧, ③-⑨핀이 같아 남아서 뒤쪽에 있는 ⑤⑧⑨핀이 잘 보이지 않는 상태.
신시내티(cincinnati):8번, 10번 핀의 스플리트.

▶▶▶▶▶ O

아웃 사이드(out side) : 오른팔로 던지는 사람이 어프로치 중앙보다 오른쪽으로 치우쳐 서서 포켓으로 투구하는 것. 왼팔로 던지는 사람의 경우는 이와 반대.

아웃 앤드 인(out and in) : 볼이 크게 휘어지며 구르는 것. 또는 커다란 혹.

아치(arch) : 커다랗게 활을 그리며 굴러가는 혹 볼의 곡선.

애버리지(average) : 여러 게임의 득점을 합산하여 그것을 게임수로 나눈 점수. 즉 평균점으로서 볼러의 수준을 이것으로 알 수 있음.

앨리 베드(alley bed) : 볼이 굴러가는 바닥으로, 파울 라인에서 1번 핀까지를 말한다. 보통 앨리 또는 레인이라 부름.

앵커맨(anchorman) : 팀을 짰을 때 마지막으로 투구하는 사람. 책임이 무거움.

어프로치(approach) : 볼을 던지기 위해서 볼러가 스텝하는 곳.

에러(error) : 제1구로 넘어뜨리지 못하고 남긴 핀을 제2구로도 다 넘어뜨리지 못한 것. 즉 스페어 찬스의 미스임.

오프 세트(off set) : 핀이 핀 스포트 위에 정확히 세워져 있지 않는 것.

오픈 프레임(open frame) : 스트라이크, 스페어도 하지 못한 프레임.

온 더 노즈(on the nose) : 코를 맞힌다는 뜻으로 완전히 포켓에 들어가게 하는 것.

워시 아웃(wash out) : 제1구로 헤드 핀(1번 핀)만 남기고 다른 핀 모두를 넘어뜨리는 것.

원 인 더 다크(one in the dark) : ①-⑤, ②-⑧, ③-⑨핀이 남았을 때 앞 핀 뒤쪽에 숨겨져 있는 5, 8, 9핀을 말함.

이닝(inning) : 한 게임을 구성하는 열 번의 투구 중에서 하나의 난을 말함.

인 더 다크(in the dark) : 앞 핀 뒤에 숨어서 볼러에게 잘 보이지 않는 ⑤⑧⑨번 핀.

인사이드 스터프(inside stuff) : 팀 대항전 때에 상대방을 심리적으로 혼란시키려고 게임의 차례와 앉는 차례를 틀리게 하는 것. 벤치 워크와 같음.

▶▶▶▶▶ ㅈ

잭 맨더스(jack manders) : 간격이 크게 벌어진 스플리트 때 핀 사이를 볼이 굴러 빠져버리는 것.

저지 사이드(jersey side) : 오른팔로 던지는 사람이 1번 핀의 왼쪽을 맞히는 것이나 왼팔로 던지는 사람이 1번 핀의 오른쪽을 맞히는 것. 크로스 오버 브룩클린과 같음.

▶▶▶▶▶ ㅊ

체리(cherry) : 스페어를 처리하려고 제2구를 던진 경우, 앞쪽에 있는 핀은 넘어뜨렸으나 뒤쪽의 핀이나 좌우의 핀을 넘뜨리지 못해 에러가 된 것. 기호는 C.

촙(chop) : 앞쪽의 핀만 넘어뜨리는 것. 즉 체리와 같음.

쵸크(choke) : 릴리즈를 미스하는 것.

치즈 케이크(cheese cake) : 볼이 스트라이크 존에 잘 들어가는 레인. 치즈 과자같이 매력있는 레인이라는 의미.

▶▶▶▶▶ ㅋ

카운트(count) : 스페어를 처리한 뒤 다음 프레임의 제1구로 넘어뜨린 핀 수. 득점은 앞 스페어에 가산시킴.

카운트 다운(count down) : 제1구째에서 핀을 6개 이하로 넘어뜨린 경우를 말함.

커브 볼(curve ball) : 볼을 던진 경우, 오른쪽으로 휘어져 나아가다가 다시 왼쪽으로 커브를 그리며 들어가는 구질. 왼팔로 던지는 사람은 이와 반대쪽으로 휘어 들어가는 볼.

커터(cutter) : 볼이 핀을 날카롭게 때려 마치 풀을 베어 버리듯이 쓰러뜨리는 힘있는 볼.

쿠션(cushion) : 볼이 부딪칠 때의 충격을 막기 위해 핀 덱 뒤쪽에 늘어 뜨린 고무막.

크로스 앨리(cross alley) : 어프로치 오른쪽에서 왼쪽에 있는 핀을 겨냥하는 것. 또는 왼쪽에서 오른쪽 핀을 겨냥하는 것. 볼이 앨리 베드 위를 대각선으로 굴러가도록 하여 양끝에 있는 핀을 처리할 때 사용함.

크로스 오버(cross over) : 오른팔로 볼을 던져 1번 핀 왼쪽을 맞히는 것. 또는 포켓의 반대가 되는 1, 2번 핀 사이를 겨냥하는 것. 브룩클린과 같은 뜻.

크룩키드 암(crooked arm) : 오른쪽 팔꿈치를 구부려 투구하는 훅 볼.

크리스마스 트리(christmas tree) : 오른팔로 던지는 사람에게는 ③-⑦-⑩핀 스플리트, 왼팔로 던지는 사람에게는 ②-⑦-⑩핀 스플리트를 말한다. 남은 3개의 핀을 묶는 선이 크리스마스 트리와 닮은 형이라 하여 이렇게 이름지었음.

크리퍼(creeper) : 슬로 볼. 슬슬 움직인다는 의미임.

킥 백 플레이트(kick back plate) : 핀을 세운 곳의 좌우에 있는 판벽.

킹 핀(king pin) : 1번 핀과 5번 핀을 가리키기도 하고 스트라이크를 내는 열쇠가 되는 핀으로 키 핀이라고도 함.

▶▶▶▶▶ E

탠덤(tandem) : 정면에서 보면 1개처럼 보이지만 실제로는 2개 핀이 앞뒤로 겹쳐 있는 것. 더블 우드와 같은 의미임.

탭(tap) : 볼이 완전히 포켓에 들어갔는데 핀이 하나 남은 경우.

터키(turkey) : 3회 연속해서 스트라이크를 내는 것.

턴(turn) : 볼을 놓기 전에 손목을 약간 구부리는 것.

텔레폰 폴(telephone pole) : ⑦-⑩핀 스플리트. 전선주같이 서 있다는 의미.

토털 핀(total pin) : 넘어뜨린 핀의 총수.

트리플(triple) : 3회 연속 스트라이크가 나오는 것. 터키와 같은 뜻.

트리플 키트(triple kit) : 세 게임을 했는데 각 게임마다 스코어가 똑같이 나온 경우.

▶▶▶▶▶ ㅍ

파워 하우스(power house):핀 10개 모두를 피트 속에 넣어버리는 스트라이크.

파운데이션(foundation):제9프레임에서 나온 스트라이크를 특별히 이렇게 부름.

파울(foul):투구할 때 파울 라인을 밟거나 몸의 일부가 파울 라인에 닿는 경우를 말함. 이것은 반칙으로 투구된 볼이 핀을 쓰러뜨려도 득점은 되지 않음.

파울 라인(foul line):어프로치와 앨리 베드의 경계를 표시하는 검은 선.

퍼들(puddle):거터 볼. 웅덩이라는 뜻.

퍼펙트 게임(perfect game):스트라이크를 12회 연속으로 내어 300점이 된 게임.

펜스 포스트(pence post):⑦-⑩핀 스플리트.

포이즌 아이비(poision ivy):③-⑥-⑩핀 스플리트. 독있는 덩굴의 뜻.

포켓(pocket):스트라이크를 내려고 볼러가 겨냥하는 곳. 오른팔로 던지는 사람은 1번 핀과 3번 핀 사이. 왼팔로 던지는 사람은 1번 핀과 2번 핀 사이를 말함.

포 타이머(four timer):4회 연속 스트라이크를 내는 것.

폴로 스루(follow through):볼을 던진 뒤의 자세.

풀 히트(full hit):레인의 중심선 또는 그 근처의 어프로치에서 목표하는 핀을 겨냥하여 넘어뜨리는 것.

프레임(frame):한 게임에 열 번을 투구할 수 있는데, 한 번 볼을 던지는 횟수 또는 스코어 시트의 한 칸을 프레임이라고 함. 이닝이라고도 함.

플랫 앨리(flat alley):마찰이 심해 볼 회전이 늦어지는 레인. 훅 볼과 커브 볼 내기가 좋음.

피치(pitch):손가락 구멍의 각도.

피킷 펜스(picket fence):①-②-④-⑦핀 또는 ①-③-⑥-⑩핀 모양으로 남은 핀.
피트(pit):볼에 맞은 핀이 떨어지는 낮은 장소.
핀 덱(pin deck):핀을 세우는 장소.
핀 스포트(pin spot):핀을 세우는 위치를 나타내는 표시.
핀칭 더 볼(pinching the ball):볼 잡는 법이 너무 강한 것.
필(fill):스페어 처리로 넘어뜨린 핀 수.

▶▶▶▶▶ ㅎ

하이 게임(high game):최고 득점을 한 1게임을 말함.
하이 히트(high hit):1번 핀을 아주 강하게 넘어뜨리는 것.
핸디캡(handicap):실력 차이가 클 때, 잘하는 사람이 안는 부담. 게임이 시작될 때 못하는 사람의 스코어에 몇 개의 핀 수를 미리 첨가시킴.
헤드 핀(head pin):1번 핀
홀딩 앨리(holding alley):볼이 잘 휘어지지 않아 훅이나 커브 볼을 만들기 힘든 레인.
홀(hole):①-③핀 사이.
훅 앨리(hook alley):볼이 잘 되는 레인.
훅킹(hooking):핀 앞 2, 3m 지점에서 볼이 핀을 향해 갑자기 휘어 들어가는 것. 오른팔로 던진 볼은 왼쪽, 왼팔로 던진 볼은 오른쪽을 향해 굽어 들어가며 이것이 훅 볼임.

당신의 실력 향상은
일신의 자랑입니다.
● 一信 · 스포츠 서적 편집실 ●

일신의 볼링 총서

스트라이크의 참 맛을 느끼고 싶지 않으십니까?
멋진 톱 볼러를 위한 지침서가 여기 있습니다.

LET'S BOWLING

H501 볼   링
본서는 볼링에 대해 기초를 마스터하기 위한
필수적인 지침서로서, 특히 현대 미국의 톱 볼러들과
톱 볼러들의 최신 폼을 부록으로 수록하였다.

H502 인스턴트 볼링 레슨
미국 톱 볼러인 돈 카터 자신의 폼으로 쉽게
설명되어 있는 이 책은 초보자라도 흥미롭고
쉽게 볼링에 입문할 수 있도록 구성되어 있다.

H503 볼링 기초 가이드
현대인의 스트레스 해소의 첩경이라고 하는 볼링을
누구나 쉽게 이해할 수 있도록 했으며
권말에는 볼링 용어 해설과 점수 계산법을 수록하였다.

H504 볼링 기술 핸드북
이제부터 볼링을 시작하려는 초심자와 기초가 부족한
사람들을 위하여 볼링의 기초 지식, 기초 기술 등을
집중적으로 정리한 폭넓은 가이드이다.

H505

일신서적출판사

BILLIARDS
당구 총서

H201 당구 기술 레슨 스포츠 편집실 편/신국판/192면
당구의 전반적인 것을 초등편과 고등편으로 나누어
초보자라도 쉽게 당구 기술을 익힐 수 있는 기본서.

H202 당구 기술 교본 스포츠 편집실 편/신국판/224면
실전과 이론을 겸한 당구의 기본적인 모두 수록, 특
히 4구 경기의 초보적인 기법을 도해(圖解)로 풀이.

H203 당구 기술 마스터 스포츠 편집실 편/신국판/208면
기초 훈련이 모자란 사람을 위한 당구의 입문서. 당
신의 실력을 보다 더 향상시켜 줄 것이다.

H204 당구 첫걸음 편집실 편/신국판/176면
초심자에게는 기초 연습 방법을, 중·상급 실력자에
게는 고등 기술의 방법과 주의점을 제시하고 있다.

H205 당구 기술 백과 스포츠 편집실 편/신국판/224면
초심자는 물론 중급자의 테크닉을 체크할 수 있도록
필요한 기본 기술을 알기 쉽게 해설하고 있다.

H206 당구 기초 핸드북 스포츠 편집실 편/신국판/168면
그림과 사진을 풍부하게 사용한 초심자 전용의 입문서.

H207 당구 기초 가이드 스포츠 편집실 편/신국판/192면
당구를 시작하려는 이들에게 이 책은, 기초 연습과
테크닉을 구사할 수 있도록 잘 설명하고 있다.

일신서적출판사 영업부 703-3001~6 FAX 703-3009
편집부 703-3007~8

■ 저　자 / 矢島純一
■ 역　자 / 스포츠서적편집실
■ 발행자 / 남　　　용
■ 발행소 / 一信書籍出版社

주소 : 121-110 서울 마포구 신수동 177-3
등록 : 1969. 9. 12. NO. 10-70
전화 : 영업부 703-3001~6
　　　편집부 703-3007~8
　　　FAX 703-3009